GRAMMATIK: Satz

Inhalt

Satz-Spiele
Wörter, Satzglieder, Sätze:	2 Zootiere
Satzglieder, Sätze, Text:	3 Wildwest

Satzarten
	4 MOTTE & LAZY
	5 Übersicht
Sprachliche und nichtsprachliche Zeichen:	6 Die Meiers verreisen
	7 Ohne Worte …
Sprachliche Absichten:	
– Aussagesätze/Fragesätze:	8 Detektei A · M · Y
– Fragesätze (Entscheidungs-/W-Fragen):	9 Kinderkarneval
– Ausrufe-/Aufforderungssätze:	10 Zwillingsrätsel
Alle Satzarten:	11 Märchen-Quiz
Indirekte Wünsche/Aufforderungen:	12 Zwei Tonarten
	13 Sonja hat Kummer

Satzglieder I
	14 MOTTE & LAZY
	15 Übersicht
Satzgliedproben:	
– Umstellprobe:	16 Kleine Vogelkunde
– Ersatzprobe:	17 Auf dem Ponyhof
– Weglass-/Erweiterungsprobe:	18 Kurz oder lang
Subjekt:	19 Uromas Sprüche
Prädikat:	
– einteiliges:	20 Alles dreht sich um …
– mehrteiliges (Satzklammer):	21 Die Saison beginnt

Satzglieder II
	22 MOTTE & LAZY
	23 Übersicht
Notwendige Prädikatsergänzungen:	24 Mindestens eins fehlt!
Objekte:	
– im Genitiv/Akkusativ/Dativ:	25 Verbenrätsel
	26 Hagen von Tronje
– Präpositionalobjekte:	27 Was zusammengehört
	28 Fragen und Antworten
– alle Objekte:	29 Satzgitter
Adverbialien:	
– lokal/temporal/kausal/modal:	30 Sag es genauer!
	31 Ist der Neue ein Angeber?
– Formen (Adverb, Adjektiv, Präpositionalausdruck, Gliedsatz):	32 Maikes Ferienfotos
– alle Adverbialien:	33 Der Zeuge

Attribute
	34 MOTTE & LAZY
	35 Übersicht
Vorangestellte Attribute:	
– Adjektiv/Partizip:	36 „Tierisch" gute Beschreibungen
Nachgestellte Attribute:	
– Genitivattribut/präpositionales Attribut/Adverb:	37 Tour de France
Apposition; Attribut-/Relativsatz:	38 Weißt du das?
Alle Attribute:	39 Schwanensee

Sätze verknüpfen
	40 MOTTE & LAZY/Übersicht
Satzverbindungen:	
– nebenordnende Konjunktionen:	41 Sport ist gesund!?
Satzgefüge:	
– unterordnende Konjunktionen:	42 Schule und Alltag
	43 Jan hat ein Problem
Alle Konjunktionen:	44 Film ab …
	45 Annes Meerschweinchen

Test	46
	47
Fachausdrücke	48

Satz-Spiele

Zootiere

1.

träge alte *seine* **Der** *wetzt* Tiger *Krallen*

Der _____ _____ _____ _____
_____ .

Mutter **in** *Elefantenbaby* **Ein** **den** *folgt* **seiner** *Stall*

_____ _____ _____ _____
_____ _____ _____ .

drei die **werden** *toten* **Um** Seehunde *mit* **Uhr** Fischen **gefüttert**

_____ _____ _____ _____
_____ _____ _____ _____ .

Giraffe *das* **ihrer** *hat* **Eine** *aus* Junge **Eifersucht** *Rivalin* **gebissen**

_____ _____ _____
_____ _____ _____
_____ _____ .

In jedem Satz ist die Reihenfolge der Wörter durcheinander geraten.
Suche den Satzanfang und bilde einen sinnvollen Satz.
Tipp: Wörter mit demselben Schriftbild bilden ein Satzglied.

2. Noch ein paar Tiere

Heute Morgen	Am Beckenrand	hat	applaudieren	die Schimpansenhorde
begeisterte Zuschauer	ihr Futter	den Seehunden
mit lautem Geschrei	wegen ihrer tollen Kunststücke	empfangen

Heu_____ _____ _____
_____ _____ _____ .

A_____ _____ _____
_____ _____ _____ .

Hier sind zwei Sätze ineinander verschachtelt. Beide stehen aber in der richtigen Reihenfolge.
Schreibe erst den einen, dann den zweiten Satz auf die Linien.
Tipp: Nach jedem Satzglied des einen Satzes folgt ein Satzglied des zweiten Satzes.

Satz-Spiele

Wildwest

3.

Vier schwarz gekleidete Männer   näherten sich   *auf* . . . .
. . . . ★ Der Sheriff des Städtchens
machte . . . . ★
. . . . blickte   er   . . . .   entgegen ★ Die Reiter
galoppierten . . . . vorbei ★
. . . . zügelten   sie   . . . . .
. . . . ★ Zwei Männer   blieben . . . . sitzen ★
Die anderen beiden   betraten . . . . ★ . . . . knallte   ein Schuss ▶

   gerade   auf schnellen Pferden   die Bank   den Männern   seine morgendliche Runde
      Argwöhnisch   ihre Pferde   der kleinen Goldgräberstadt   an dem Gesetzeshüter
   in hohem Tempo   in ihren Sätteln   Plötzlich   Vor dem kleinen Bankgebäude   abrupt

Zwei Satzglieder stehen jeweils an der richtigen Stelle. Alle anderen fehlen.
Ergänze die Satzglieder sinnvoll. Tipp: Die Bilder helfen dir.

4. Fortsetzung …
- ○ Der andere Bandit folgte ihm mit gezogenem Revolver.
- ○ Durch die Knallerei bäumten sich die Pferde der Banditen auf.
- ○ Nur ein einziger Mann entkam auf dem Rücken seines Pferdes.
- ○ Geistesgegenwärtig schoss der Sheriff mehrmals in die Luft.
- ○ Zehn Minuten später konnte der Sheriff drei Männer verhaften.
- ○ Die beiden Reiter stürzten daraufhin aus dem Sattel.
- ○ ▶ Ein schwarz gekleideter Mann taumelte angeschossen aus der Bank.

a) Bei der Fortsetzung der Geschichte sind die Sätze durcheinander geraten.
Bringe sie in eine sinnvolle Reihenfolge, indem du die Sätze nummerierst.

b) ⚡ Schreibe die ganze Geschichte auf. Verknüpfe die Sätze noch besser miteinander.

Satzarten

Satzarten

Sprachliche und nichtsprachliche Zeichen

Sprachliche Zeichen sind z. B. Wörter oder Sätze, die wir sprechen. Nichtsprachlich kann man sich durch Körperbewegungen ausdrücken. Die Körpersprache begleitet oder unterstützt den gesprochenen Satz. Manchmal ersetzt sie sogar einen ganzen Satz.

Körpersprache

Beispiele:
eine abweisende Handbewegung machen = Geh weg!
mit dem Kopf nicken = Ich bin einverstanden.

Zeichensprache

Zeichen ersetzen ebenfalls Wörter oder ganze Sätze, z. B.:
Messer + Gabel (Bildzeichen!) = Hier ist ein Restaurant.

Sprachliche Absichten

Aussagesatz

Die sprachliche Absicht in Aussagesätzen ist: etwas aussagen, erzählen, mitteilen ... Das Prädikat steht an zweiter Stelle. Am Ende eines Aussagesatzes steht ein Punkt.

Beispiel: Katrin geht am Sonntagabend ins Kino.

Fragesatz

Die sprachliche Absicht in Fragesätzen ist: etwas fragen, etwas wissen wollen ... Am Ende eines Fragesatzes steht ein Fragezeichen.

Entscheidungsfrage

In Entscheidungsfragen steht das Prädikat immer an erster Stelle. Auf Entscheidungsfragen antwortet man häufig mit „ja" oder „nein".

Beispiel: Geht Katrin am Sonntagabend ins Kino?

W-Frage

W-Fragen beginnen mit einem Fragewort, z. B.:
wer, was, wo, wann, warum. An zweiter Stelle steht das Prädikat.

Beispiel: Wohin geht Katrin am Sonntagabend?

Aufforderungssatz

Die sprachliche Absicht in Aufforderungssätzen ist: jemanden zu etwas auffordern, jemanden bitten ... Ein Aufforderungssatz beginnt immer mit dem Prädikat (im Imperativ!).
Am Ende des Aufforderungssatzes steht meistens ein Ausrufezeichen.

Beispiel: Katrin bittet: „Geh doch am Sonntagabend mit ins Kino!"

Ausrufesatz

Die sprachliche Absicht in Ausrufesätzen ist: Gefühle ausdrücken, z. B. Freude, Ärger, Verwunderung ... Ein Ausrufesatz beginnt manchmal mit einem Ausrufewort. Am Ende steht immer ein Ausrufezeichen.

Beispiel: Der Frosch ruft: „(O,) Wär ich doch ein Prinz!"

TIPP Manche Ausrufewörter ersetzen einen kompletten Ausrufesatz, z. B.:
Pst! = Sei(d) still!

Indirekte Wünsche und Aufforderungen

Auch wenn ein Satz die Form eines Aussage- oder Fragesatzes hat, kann er eine Aufforderung, einen Wunsch oder eine Bitte enthalten.

Beispiel:
Mutti sagt zu Motte: „Dein Zimmer müsste mal aufgeräumt werden. (!)"
Mutti meint damit: „Räum doch bitte mal dein Zimmer auf, Motte!"

TIPP Im gesprochenen Satz gibt der Tonfall Aufschluss über die Sprachabsicht, im geschriebenen Satz der Textzusammenhang.

Satzarten

Die Meiers verreisen

1. Frau Meier, Herr Meier, Jenny, Thorsten und Miriam wollen mit dem Zug in die Ferien fahren. Auf dem Bahnhofsvorplatz steigen sie aus dem Taxi. Das Zeichen der Deutschen Bahn ◯ ist nicht zu übersehen. Die kleine Miriam läuft auf eine Unterführung zu. „Nein, Miriam!", ruft Herr Meier. „Da geht es zur U-Bahn ◯", erklärt Thorsten seiner kleinen Schwester. Vorsichtshalber nimmt er sie an die Hand. „Ich weiß aber, wo unser Gleis ist", sagt Jenny. „Stell dir vor, ich auch", bemerkt Thorsten und verdreht die Augen. „Bin ich froh, dass wir die Koffer aufgegeben haben!", seufzt Frau Meier. Trotzdem trägt sie noch eine Tasche, genau wie ihr Mann. „Ich muss mal!", trompetet Miriam, kaum dass die Familie in der großen Halle angekommen ist. „Da ist eine Toilette!", ruft Jenny und zeigt auf ein Schild ◯. „Zu Hause hab ich dich noch gefragt", sagt Frau Meier. Miriam verzieht das Mündchen. „Ist ja schon gut, ich geh mit dir." – „Ich muss diesen Brief noch unbedingt loswerden", verkündet Herr Meier. „Ihr beiden bleibt hier mit den Taschen stehen und ich laufe eben zur Post ◯." Jenny nickt, während Thorsten einen Finger auf den Mund legt und eine Kopfbewegung nach hinten macht. Kaum ist sein Vater außer Hörweite, sagt er: „Ich hol mir eine Zeitung in dem Geschäft dahinten ◯." – „Von mir aus", murmelt Jenny und zuckt mit den Schultern. Während die anderen fort sind, betrachtet sie die Hinweiszeichen. In der Bahnhofshalle gibt es natürlich Telefone ◯, ein Restaurant ◯ und sogar eine Bank ◯. Schließfächer für das Gepäck ◯ sind angezeigt und die Bahnpolizei ◯ ist ebenfalls hier untergebracht. „Wo ist denn Thorsten?", ertönt plötzlich die Stimme ihres Vaters. Er runzelt die Stirn und sieht Jenny auffordernd an. In diesem Moment kommt der Bruder angelaufen. „Hallo, Paps, hier bin ich!" Er strahlt ihn an. Herr Meier sagt nur: „O.k., gehen wir schon mal hoch auf den Bahnsteig!" – „Gleis 3 ◯ ist da vorn", sagt Jenny. „Natürlich!", bestätigt ihr Bruder. „Wir fahren ja auch mit dem InterCity ◯." Auf dem Bahnsteig hält er sachkundig nach dem Wagenstandsanzeiger Ausschau. „Wir können gleich hier stehen bleiben. Unser Wagen hält in diesem Abschnitt ◯." Endlich stoßen Frau Meier und Miriam zu ihnen. „Ich hab euch überall gesucht!", ruft Frau Meier und sieht ihren Mann kopfschüttelnd an. „Konntet ihr nicht in der Halle warten?" – „Wäre gar nicht verkehrt gewesen", meint Thorsten, „unser Zug hat sowieso Verspätung. Da, seht nur ◯ …"

Im Text werden Hinweiszeichen und Hinweisschriften erwähnt. Hier sind sie:

1. IC
2. 100
3. BGS-Bahnpolizei
4. E
5. (Koffer/Schlüssel)
6. Gleis 3
7. DB
8. (Post)
9. Presse
10. (Restaurant)
11. (Telefon)
12. etwa 20 Min. später
13. U stadtbahn
14. WC

a) Ordne die Hinweise den Textstellen zu, indem du die jeweils passende Zahl in den Text schreibst.

b) Alle Familienmitglieder sprechen wortwörtlich und sie bedienen sich auch der Körpersprache. Die nichtsprachlichen Signale sind oft nur im Textzusammenhang zu verstehen. Finde die passenden Textteile zu folgenden Umschreibungen und unterstreiche sie:

jemanden führen – sein Unverständnis über etwas zeigen – kurz vor dem Weinen sein – sein Einverständnis zeigen – um Verschwiegenheit bitten – Gleichgültigkeit zeigen – leicht verärgert sein – jemanden milde stimmen wollen – sein Missfallen zeigen

c) ✏ Schreibe so: *jemanden führen – er nimmt sie an die Hand; sein Unverständnis …*

Satzarten

Ohne Worte …

2. Auf Sardinien, einer Insel im Mittelmeer, wird in einem flotten Volkstanz dargestellt, wie junge Männer um junge Frauen werben. Die Tanzszenen sehen zum Beispiel so aus:

a) Die Szenen kommen ohne Worte aus. Trotzdem sieht man, was der Junge/das Mädchen „spricht". Ordne die folgenden Aussage-, Frage- und Aufforderungssätze den Bildern zu:

Ich werde dir ein Leben lang treu sein.   Keiner kann so gut tanzen wie ich.
Wenn du mich nimmst, schenke ich dir den schönsten Schmuck.
Siehst du nicht, wie ich mich für dich herausgeputzt habe?   *Willst du meine Braut werden?*
Was soll ich bloß machen, damit sie mich nimmt?
Geh weg, ich will dich nicht!   *Nimm diesen goldenen Ring als Zeichen meiner Liebe!*
Komm jetzt, meine Geduld ist zu Ende!

b) Male selbst eine Tanzszene und formuliere mindestens einen passenden Satz dazu, oder: Verabrede zusammen mit einer Partnerin/einem Partner eine Tanzszene. Lass dann die anderen treffende Sätze für eure Szene formulieren.

Satzarten

Detektei A · M · Y

3. „So eine Schweinerei!" Anne und Mario bleiben im Hausflur stehen, bis der alte Herr Baumann vom Hof hereinkommt. „Irgendein Idiot hat Blumentöpfe und einen Plastiksack in die Biotonne gestopft", schimpft er weiter und schlurft knurrend in seine Parterrewohnung. Anne, Mario und ihr Freund Yussuf übernehmen den „Fall". „Wir müssen in die Wohnungen gehen und uns dort umsehen", sagt Yussuf. „Ich habs!", ruft Mario. „Der Baumann wird doch 80. Wir sagen einfach, dass wir für einen Blumenstrauß sammeln." – „Und dann reden wir mit jedem über Blumen", fügt Anne hinzu. Als Erstes sehen sich die drei den Plastiksack an, der in der Biotonne gesteckt hat. Tatsächlich war vorher Blumenerde drin. Da Herr Baumann und die eigenen Eltern als Übeltäter ausfallen, bleiben sechs Parteien übrig. Bei Herrn Müller klingeln die Freunde zuerst …

Fragen	Antworten
Geben Sie auch etwas, Herr Müller?	Eure Idee ist nicht schlecht.
Glauben Sie, dass sich Herr Baumann mehr über einen Strauß oder eine Topfblume freut?	Ja, natürlich gebe ich auch ein paar Mark.
Mögen Sie keine Topfblumen?	Nein, weil man mit Topfblumen so viel Arbeit hat.
Finden Sie Schnittblumen oder Topfblumen schöner, Frau Schulze?	Ich finde Topfblumen viel schöner.
Weshalb mögen Sie keine Schnittblumen?	Ich habe Blumen lieber auf dem Balkon und deshalb kaufe ich mir morgen auch welche.
Aber warum haben Sie dann keine Topfblumen in der Wohnung?	Also, ich würde mich mehr über einen Strauß freuen.
Was halten Sie davon, wenn wir Herrn Baumann Balkonblumen schenken, Herr Heinrich?	Balkonblumen mag ich sogar besonders gern.
Haben Sie denn auch Balkonblumen?	Ja, aber das geht ganz schnell, wie ich gestern wieder gemerkt habe.
Dürfen wir sie mal sehen?	Davon halte ich eine Menge.
Wie finden Sie unsere Idee, Frau Schmidt?	Schnittblumen verblühen so schnell.
Wo haben Sie denn Ihre Blumen stehen?	Klar, aber ihr dürft nicht enttäuscht sein, denn sie sind alt.
Mögen Sie auch Balkonblumen, Frau Wolters?	Nein, für den alten Griesgram gebe ich nichts.
Muss man die denn nicht in Kästen pflanzen?	Aber sicher habe ich auch Balkonblumen.
Wollen Sie sich auch an den Blumen für Herrn Baumann beteiligen, Herr Korsten?	Nirgendwo, weil ich keine Zeit habe, sie in die Kästen zu pflanzen.

a) Die Fragesätze stehen in der richtigen Reihenfolge. Ordne ihnen die passenden Antworten zu.

Wer ist deiner Meinung nach der Übeltäter/die Übeltäterin? _____

b) ✏ Schreibe alle Fragewörter ab, z. B. weshalb. Welche kennst du noch?

c) Nicht alle Antworten sind von der Form her Aussagesätze. Welche sind es nicht? Warum wohl?

Satzarten

Kinderkarneval

4. Auch in diesem Jahr hat an Weiberfastnacht wieder ein Zelt für Jugendliche bereitgestanden. Toni will darüber einen Artikel für die Schülerzeitung schreiben. Er selbst hasst Karneval und war deshalb auch nicht im Zelt. Aber Maria war dort und sie hat alles genau beobachtet.

Wenn du die Grafik genau ansiehst, kannst du die folgenden Fragen beantworten:

1 Wann wurde man denn in das Zelt eingelassen?   2 Wie teuer war der Eintritt?
3 Gab es im Zelt auch etwas zu essen?   4 Welche Getränke konnte man kaufen?
5 Hat etwa wieder einer Alkohol ins Zelt geschmuggelt?   6 Durfte man im Zelt rauchen?
7 War die Musik wieder so laut?   8 Standen überhaupt genug Sitzbänke zur Verfügung?
9 Ist die Bürgermeisterin wieder als Clown gegangen?
10 Was hat die Gruppe getragen, die den ersten Preis beim Kostümwettbewerb gewonnen hat?
11 Wer hat die Preise übergeben?   12 Wie hat es dir denn überhaupt gefallen? …

a) Schreibe als Erstes die Zahl der Frage zu dem passenden Bildteil.

b) Welche Fragen sind hier Entscheidungsfragen?
   Unterstreiche das Prädikat. Wo steht es?

c) Schreibe jetzt die Fragen ab und beantworte sie.

d) Finde selbst weitere Fragen und beantworte sie.

e) Könntest du folgende Fragen mit „ja" oder „nein" beantworten?
   Magst du alle Tiere? Bist du gut in Mathe und Deutsch?
   Willst du einmal selbst Kinder haben?

Satzarten

Zwillingsrätsel

5.

```
X X P R O S I T N E U J A H R X X X X X
X H X X X X X X X X X X X X X P F U I
X U X S C H A D E X X O N E I N X X X
X R X X X X X X X X X X X X X X I X X
X R X W E L C H E I N G L Ü C K X G X H
X A X X X X X X X X X X X X X X X I X A
P X S O E I N E S C H A N D E X X T X L
S X X X X X X X X X X X X X X X X T X L
T X H O P P L A X H I L F E X O H X X O
```

a) Hier sind senkrecht und waagerecht 13 Interjektionen (Ausrufewörter) versteckt. Markiere sie. Achtung: Einige Ausrufe bestehen aus zwei oder drei Wörtern!

b) Solche Ausrufe drücken meistens Gefühle aus. Einige enthalten auch eine Aufforderung. Welche?

c) Ergänze die drei passenden Interjektionen aus dem Buchstabenfeld. Was fehlt noch?

Mäxchen fällt über seine eigenen Füße. Oma ruft: „——————, nicht so schnell ☐"

„—— ————— —————————☐", schimpft Herr Bauer, als er die Graffiti sieht.

Britts Hund springt Onkel Harry an. „————", ruft er, „das mag ich aber gar nicht ☐"

d) Schreibe selbst Sätze mit drei weiteren Interjektionen.

e) Formuliere vollständige Ausrufe- oder Aufforderungssätze zu: Pst! Hilfe! Igitt!

> Wenn hinter Ausrufesatz **und** Aufforderungssatz ein Ausrufezeichen steht, woran sieht man denn den Unterschied?

> Verdammt! – Versuchs doch mal über den Inhalt der Sätze!

> Wenn sowieso ein Ausrufezeichen dahinter steht, ist der Inhalt doch egal.

> Aber du hast mich doch gefragt ...

> Reg dich ab! Du kannst ja nicht alles wissen ...

6. Verben mit ähnlicher Bedeutung

laufen(sich)ernährensprechengebenessenredenziehenrennenreißenschenken

a) Teile ab und markiere jeweils die beiden Verben mit ähnlicher Bedeutung.

b) Jeweils zwei ähnliche Verben passen in ein Satzpaar. Achte auf den Numerus (die Zahl):

Die schwerhörige Uroma fordert ihre Enkelin auf: „———————— bitte lauter, Susi ☐"

Der verärgerte Toni schnauzt seine Freunde an: „———————— nicht solch einen Quatsch ☐"

Die Mutter ermahnt ihr hungriges Söhnchen: „——— nicht so hastig, mein Kleiner ☐"

Der Arzt rät dem molligen Patienten: „———————— Sie sich vernünftiger ☐"

c) Formuliere mit den anderen Verben eigene Aufforderungssätze.

Satzarten

Märchen-Quiz

7.
A H R S W / K T A G I (1) Wenn du mir zwei Schüsseln voll Linsen in einer Stunde aus der Asche rein lesen kannst, so sollst du mitgehen ☐

A H R S W / L O I S B (2) Wie kannst du es wagen, in meinen Garten zu steigen und wie ein Dieb mir meine Rapunzeln zu stehlen ☐

A H R S W / H Ü A W N (3) Was rumpelt und pumpelt in meinem Bauch herum ☐

A H R S W / V H D E A (4) Rapunzel, Rapunzel, laß dein Haar herunter ☐

A H R S W / C L Ö J E (5) Zeig' uns erst deine Pfote, damit wir wissen, daß du unser liebes Mütterchen bist ☐

A H R S W / K P Ü R I (6) Also war und blieb das Schneiderlein sein Lebtag ein König ☐

A H R S W / N O U S I (7) Der Königssohn geriet außer sich vor Schmerz, und in der Verzweiflung sprang er den Turm herab ☐

A H R S W / U N J V Ä (8) Da hatten alle Sorgen ein Ende, und sie lebten in lauter Freude zusammen ☐

A H R S W / A D L N B (9) Wie können wir unsere armen Kinder ernähren, da wir für uns selbst nichts mehr haben ☐

A H R S W / Z K D H E (10) Junge, mach' mir den Wams und flick' mir die Hosen ☐

A H R S W / Ö A J P M (11) Hänsel, streck' deine Finger heraus, damit ich fühle, ob du bald fett bist ☐

A H R S W / U L S W Ü (12) Bäumchen, rüttel' dich und schüttel' dich, wirf Gold und Silber über mich ☐

A H R S W / B V S C E (13) Ach du gottloses Kind ☐

A H R S W / P U Z M J (14) Gut Mus feil ☐

A H R S W / I J F D Ä (15) Da meckerte die Alte und machte sich getrost auf den Weg ☐

A H R S W / D R V A N (16) Heda, Gretel ☐

A H R S W / C Ü E T Q (17) Habt ihr keine andere Tochter ☐

A H R S W / I H A H W (18) Meinst du, das wäre etwas für einen, der siebene mit einem Streich getroffen hat ☐

A H R S W / B A Ä C E (19) Ach, was mußte sie da erblicken ☐

A H R S W / N S J H U (20) Wer Brot essen will, muß es verdienen: hinaus mit der Küchenmagd ☐

a) Dies sind Originalsätze aus: Aschenputtel (A), Hänsel und Gretel (H), Rapunzel (R), Das tapfere Schneiderlein (S), Der Wolf und die sieben jungen Geißlein (W). Markiere richtig.

b) Lösung: Diese Märchen und viele andere, die durch die Brüder Grimm gesammelt wurden, nennt man

K _ _ _ _ _ - _ _ _ _ _ _ _ _ _ _ _ _ _ _ _ _ .
1 2 3 4 5 6 7 8 9 10 11 12 13 14 15 16 17 18 19 20

c) Ergänze bei jedem Satz das richtige Satzschlusszeichen.
Tipp: Aus jedem Märchen wurde je ein Aussage-, Frage-, Aufforderungs- und Ausrufesatz genommen.

G-S 11
STUDIENKREIS

Satzarten

Zwei Tonarten

1.

ist Dies die letzte Ermahnung   ich ausschlafen könnte morgen doch einmal Wenn   zur Mülltonne Der Abfall müsste gebracht werden   denn immer müsst drängeln Warum so ihr   ja toll sind Die neuen Turnschuhe von NOKI   wir beide nicht wie füreinander Sind gemacht

a) Schreibe zu jedem Bild den passenden Satz. Die verwürfelten Satzglieder helfen dir.

b) Lies jeden Satz so vor, wie er gemeint ist. Achte auf die richtige Betonung.
Welches Satzschlusszeichen würdest du setzen?

c) Warum drücken die nächsten Sätze deutlich aus, was die Sprecher(-innen) meinen?
Schreibe die passende Bildnummer dazu und ergänze das richtige Satzschlusszeichen.

○ *Bring bitte mal den Abfall zur Mülltonne*   ○ *Noch einmal und Sie bekommen Gelb*

○ *Lasst mich bitte morgen ausschlafen*   ○ *Lasst jetzt endlich das Drängeln sein*

○ *Heirate mich*   ○ *Kauf mir doch bitte die neuen Turnschuhe von NOKI*

d) Formuliere zu jedem Bild einen weiteren Satz, der passt.
Er sollte von der Form her kein Aufforderungssatz sein.

Satzarten

Sonja hat Kummer

2. Als Sonja von der Schule nach Hause kommt, merkt ihre Mutter sofort, dass etwas nicht stimmt. „Na, wie wars denn in der Schule?", fragt Frau Gittner vorsichtig, doch Sonja eilt an ihr vorbei und murmelt nur: *„Frag mich jetzt nicht nach der Schule!"* ~~„Wie soll es schon gewesen sein!"~~ Laut fällt die Zimmertür hinter ihr ins Schloss. Frau Gittner geht ihrer Tochter nach und findet sie an ihrem Schreibtisch. Sonja kauert auf dem Schreibtischstuhl und hat das Gesicht in den Händen vergraben. Frau Gittner betrachtet sie einen Moment und sagt dann freundlich: „Ich hab dein Essen warm gehalten." Sonja schüttelt heftig den Kopf. „Ich hab jetzt keinen Hunger!" Frau Gittner tritt näher heran und sagt: „Du könntest aber mir beim Essen Gesellschaft leisten." Sie legt leicht den Arm um die Schultern ihrer Tochter und drückt sie ein wenig. Sonja taucht unter dem Arm weg und springt von ihrem Stuhl hoch. „Du tust mir weh, Mutti!", ruft sie etwas zu laut. Frau Gittner unterdrückt ein Seufzen. „Willst du mir nicht etwas erzählen?", sagt sie leise. Sonja kämpft jetzt offensichtlich mit den Tränen. „Es gibt wirklich nichts zu erzählen!", stößt sie hervor. Frau Gittner zögert, dann nickt sie und sagt: „Ich bin für die nächste Zeit in der Küche." Leise schließt sie die Zimmertür hinter sich. Lange muss sie nicht warten. Kaum eine Viertelstunde später kommt Sonja angeschlichen. „Mutti!", schluchzt sie und bleibt auf der Türschwelle stehen. Frau Gittner breitet die Arme aus und murmelt bewegt: „Meine Kleine!" Sonja läuft zu ihrer Mutter und lässt sich umarmen und streicheln. Und schließlich erfährt Frau Gittner den Grund für Sonjas Verzweiflung. Sie hat Angst, dass sie sitzen bleibt. Frau Gittner drückt ihre Tochter noch mehr an sich. „Davon geht die Welt nicht unter, Sonja!" Und sie verspricht: „Ich spreche morgen mit deinem Lehrer. Zusammen finden wir bestimmt eine Lösung …"

Mutter und Tochter sprechen miteinander, aber die Absicht ist nicht immer deutlich formuliert. Elf Sätze enthalten versteckte Bitten oder Aufforderungen. Sie könnten z. B. auch so lauten:

„Kopf hoch, Sonja!" *„Hab Vertrauen, ich warte auf dich!"* *„Komm in meine Arme!"*
„Lass mich bloß mit Essen in Ruhe!" *„Tröste mich!"* *„Iss doch erst mal etwas!"*
~~*„Frag mich jetzt nicht nach der Schule!"*~~ *„Fass mich bitte nicht an, Mutti!"*
„Nun sag mir doch, was dir auf dem Herzen liegt!" *„Bitte bedräng mich nicht weiter!"*
„Dann setz dich wenigstens zu mir in die Küche!"

a) Lies den Text aufmerksam. Ersetze die indirekten Aufforderungen/Bitten durch die Aufforderungssätze.

b) Warum sprechen Mutter und Tochter so indirekt? Wäre es besser, wenn sie sich deutlicher ausdrücken würden? Finde selbst Beispiele.

Satzglieder I

Satzglieder I

Satzgliedproben

Die Umstell- oder Verschiebeprobe zeigt, welche Wörter ein Satzglied bilden, denn diese Wörter bleiben immer zusammen.

Umstellprobe

Beispiel:

Nadine	isst	im Moment	einen sauren Apfel	.
Im Moment	isst	Nadine	einen sauren Apfel	.
Einen sauren Apfel	isst	Nadine	im Moment	.
Isst		Nadine	im Moment	einen sauren Apfel ?

(TIPP) Will man ein Satzglied besonders betonen, stellt man es um.

Ersatzprobe

Mit der Ersatzprobe kann man ein Satzglied durch ein einzelnes Wort (z. B. Personalpronomen) oder eine andere Wortgruppe ersetzen.

Beispiel:
Nadine isst im Moment einen sauren Apfel .
Sie isst … **Meine Freundin** isst … auch: **Wer** isst … ?

(TIPP) Mit Hilfe der Ersatzprobe kann man Wiederholungen vermeiden.

Weglassprobe

Erweiterungsprobe

Mit der Weglassprobe kann man einen Satz auf seine wichtigsten Informationen oder seinen Kern (Subjekt und Prädikat) verkürzen.
Mit der Erweiterungsprobe kann man einen Satz um ein (sinnvolles) Satzglied ergänzen oder erweitern.

Beispiel für Weglassprobe: Nadine isst (…) .
Beispiel für Erweiterungsprobe: Nadine isst **einen sauren Apfel** .

Satzglieder

Ein grammatisch vollständiger Satz besteht aus mindestens zwei Satzgliedern, und zwar aus: Subjekt und Prädikat. Die anderen Satzglieder sind (notwendige) Ergänzungen oder weitere Angaben.

Subjekt

Das Subjekt steht immer im Nominativ, aber nicht immer am Satzanfang. Man erfragt es mit: Wer oder was …?

Beispiel: Im Moment isst **meine Freundin** einen sauren Apfel .

(TIPP) Das Subjekt ist nicht immer ein Nomen. Es kann auch ein Personalpronomen oder eine substantivierte Wortart sein.

Prädikat   einteilig

Das Prädikat richtet sich in Person und Numerus (Zahl) nach dem Subjekt. Im Aussagesatz steht es an zweiter Satzgliedstelle.
Nur im Fragesatz und Aufforderungssatz steht es an erster Stelle.
Man erfragt es mit: Was tut …? Was geschieht …?

Beispiele: Nadine **isst** einen sauren Apfel .
Isst Nadine … ? **Iss** einen sauren Apfel !

mehrteilig

Mehrteilige Prädikate bilden eine Satzklammer.

Beispiele:
Nadine gibt mir die Hälfte ihres Apfels ab .

Nadine hat mir die Hälfte ihres Apfels abgegeben .

Nadine wird/will/darf … mir die Hälfte ihres Apfels abgeben .

Satzglieder I

Kleine Vogelkunde

1.
   ☐ Die Kohlmeise (F) ☐ Der Kolkrabe (V) ☐ Das Teichhuhn (W)

   besitzt **einen mächtigen Schnabel**.

   ☐ Der Eichelhäher (OG) ☐ Die Goldammer (OK) ☐ Der Haussperling (KO)

   gehört **zur Familie der Rabenvögel**.

   ☐ Die Lachmöwe (I) ☐ Die Graugans (A) ☐ Die Singdrossel (E)

   erfreut uns **mit ihrem abwechslungsreichen Gesang**.

   ☐ Die Ringeltaube (I) ☐ Die Küstenseeschwalbe (L) ☐ Die Nachtigall (T)

   fängt ihre Beutefische **im Sturzflug**.

   Man erkennt ☐ den Grünfinken (G) ☐ den Stieglitz (K) ☐ den Zeisig (R)

   an seiner roten Gesichtsmaske.

   ☐ Das Rebhuhn (UM) ☐ Der Wanderfalke (NU) ☐ Der Uhu (UN)

   verdankt seinen Namen **dem Balzruf des Männchens**.

   ☐ Waldohreulen (LD) ☐ Blaumeisen (DL) ☐ Graureiher (BL)

   besuchen **im Winter** häufig die Futterhäuschen.

   ☐ Der Habicht (ER) ☐ Der Höckerschwan (EB) ☐ Der Zaunkönig (BE)

   baut **seinen Horst** am liebsten auf hohen Waldbäumen.

a) Kreuze an und übertrage der Reihe nach den/die entsprechenden Lösungsbuchstaben:

   Du bist ja schon ein richtiger _ _ _ _ _ _ _ _ _ _ _ _ _ _ _ _ .

b) Schreibe den ersten Satz in die folgenden Satzgliedkästen:

   | *Der Ko* | | | .

c) Stelle den Satz um, indem du mit dem fett gedruckten Satzglied beginnst. Wo steht das Prädikat?

   | *Einen mächtigen* | | | .

d) Schreibe diesen angefangenen Satz weiter:

   | *Man* | *erk* | | | .

e) ✏ Stelle den Satz von d) zweimal als Aussagesatz und einmal als Fragesatz um.

f) ✏ Schreibe jeden vorgegebenen Satz richtig ab und stelle ihn so oft um, wie es geht.
   Die erste Umstellung soll immer mit dem fett gedruckten Satzglied beginnen.
   Markiere jeweils die Umstellung, die sich am besten anhört. Tipp: Höre auf die Betonung.

G-S 16
STUDIENKREIS

Satzglieder I

Auf dem Ponyhof

2.

Liebe Sara,

auf dem Ponyhof ist es noch viel schöner, als ich gedacht habe. Stell dir vor, ich habe ein Pony ganz für mich allein! Das Pony ist weiß und heißt „Schneeball". Ist das nicht ein komischer Name für ein Pony? Das Pony ist übrigens ein kleiner Hengst. Natürlich ist das Pony sehr lieb(!). Jeden Tag gleich nach dem Aufstehen miste ich den Stall des Ponys aus. Darauf freut sich das Pony. Ich gebe dem Pony auch eine Mohrrübe extra. Dann reite ich auf dem Pony eine Runde. Bevor ich selbst frühstücke, reibe ich das Pony sorgfältig trocken. Ohne das Pony kann ich mir den Tag gar nicht mehr vorstellen. Morgen fotografiere ich das Pony! Im nächsten Brief schicke ich ein Foto des Ponys mit.
Einen lieben Gruß, deine Anne

a) Anne wiederholt in ihrem Brief ständig das Wort „Pony".
Durch welche anderen Begriffe könnte man das Wort „Pony" ersetzen?
Verbinde.

der Rappe   der Hengst   das kleine Pferd
der Wallach   das Fohlen
Schneeball   **das Pony**   der Schimmel
das Pferdchen   die Stute

b) Erfrage alle Satzglieder, in denen das Wort „Pony" vorkommt, zum Beispiel:
Wen oder was habe ich ganz für mich allein? **Ein Pony.**
Wer oder was ist weiß? … **Für wen oder was** ist …?

c) Unterstreiche im Brief alle Satzglieder, in denen das Wort „Pony" vorkommt.
Ersetze einige Satzglieder durch einen anderen Begriff. Achte auf den Kasus (den Fall).

3. Es = das Pony

Liebe Sara,

hier siehst du nun mein Pony! Findest du das Pony auch so süß? Für das Foto habe ich dem Pony extra die Mähne gestriegelt. Das Pony hat auch eine Mohrrübe bekommen. Deshalb schaut das Pony so zufrieden. Am süßesten sieht das Pony aus, wenn ich dem Pony die Ohren kraule. Aber ich kann das Pony nicht streicheln und das Pony gleichzeitig fotografieren…

a) Unterstreiche die Satzglieder, in denen „Pony" steht.
Welche sollten durch Personalpronomen ersetzt werden?

b) Ersetze im ersten Brief die Wiederholungen durch andere Begriffe und/oder Personalpronomen.

G-S 17

Satzglieder I

Kurz oder lang

4.

Frau Müller sagt:
Mein Mann isst gern Mohnbrötchen. Und was isst Ihr Mann gern?

Frau Meier antwortet:
Mein Mann isst zum Frühstück aus Gesundheitsgründen gern Mehrkornbrötchen.

a) Schreibe Frau Meiers Antwort in die folgenden Satzgliedkästen:

☐ ☐ ☐

☐ ☐ ☐ .

b) Frau Müller gibt eine Information. Welche erfragt sie? Unterstreiche das entsprechende Satzglied.

c) Welche Angaben macht Frau Meier noch? Streiche sie durch.

Jan fragt:
Was willst du denn hier kaufen?

Tom antwortet:
Ich kaufe jetzt in dieser Tierhandlung meinem Dackel ein neues Halsband zum Geburtstag.

d) Schreibe Toms Antwort in die folgenden Satzgliedkästen:

☐ ☐ ☐

☐ ☐ ☐ .

e) Streiche die Angaben durch, die Jan gar nicht wissen will. Eine Information ist vielleicht wichtig. Welche?

f) ⚡ Verkürze folgenden Satz auf die wichtigste Information:
Anna lässt nun doch ihre Haare nach langem Überlegen fürs Erste wachsen.

Natürlich kann man bei der Weglass- und Erweiterungsprobe nur **Satzglieder** weglassen oder ergänzen.

5. Ein paar Informationen mehr bitte!

Iwana sagt: „Ich kaufe einen Lippenstift."
Pia fragt: „Für dich?" – „Nein, für meine Mutter!" – „Und warum?" – „Sie hat doch Geburtstag."

a) ✏ Iwanas Satz ist grammatisch richtig, aber wichtige Informationen fehlen.
Erweitere den Satz mit Hilfe der Antworten.

b) ⚡ Bilde aus folgendem Gespräch einen Satz mit den erfragten Informationen.
Simon ruft: „Ich gehe …!" Den Rest versteht Mutter nicht. Sie fragt: „Wann?" – „Jetzt!"
„Und wohin?" – „Ins Kino." – „Mit wem denn?" – „Natürlich mit Markus und Stefan."

Satzglieder I

Uromas Sprüche

1.

_____ verstehe die Welt nicht mehr.   _____ machen Leute.   _____ kommt beim Essen.

Eine _____ macht noch keinen Sommer.   _____ wäscht die andere.   Im Leben geht _____ vorüber.

Den Seinen gibts _____ im Schlaf.   G_____ lässt sich nicht ungeschehen machen.

_____ kann zwei Herren dienen.   _____ gönnt sich ja sonst nichts.

_____ höhlt den Stein.   _____ musst dein Leben ändern.

E_____ kehre vor seiner Tür.   _____ erspart den Zimmermann.   _____ will betrogen sein.

a) In Uromas Sprüchen fehlen die Subjekte. Wie erfragst du sie?

b) Ordne die folgenden Subjekte sinnvoll zu:

alles   der Appetit   der Herr   die Axt im Haus   die Welt   du   Geschehenes   ich

ein jeder   eine Hand   eine Schwalbe   Kleider   man   niemand   steter Tropfen

c) Die meisten Subjekte sind aus einem (Artikel/Adjektiv +) Nomen gebildet.
Nenne mindestens eine weitere Wortart, aus der das Subjekt gebildet ist.

2. **Uroma über Kinder und Enkel**

Mein Ältester wirft das Geld zum Fenster hinaus. Na ja, er will mit den großen Hunden heulen. Seine Frau drückt immer wieder ein Auge zu. Tja, ein dickes Fell hatte sie ja von Anfang an. Sie lässt sich aber nicht auf der Nase herumtanzen. Die Kinder stehen schon auf eigenen Füßen. Leider sind sich Jan und Pia nicht grün. Manchmal schüttet mir auch die Kleine ihr Herz aus. Meine Mittlere steht mit beiden Beinen fest im Leben. Für die lege ich meine Hand ins Feuer. Dagegen sieht meine Jüngste alles durch die rosarote Brille. Ihr vergeht das Träumen auch noch! Soll ich ihr mal Feuer unter dem Hintern machen? Mein Mann und sie haben sich allerdings schon oft die Köpfe heiß geredet. Also, Schweigen bekommt mir in meinem Alter bestimmt besser ...

Die Prädikate sind schon hervorgehoben. Markiere in einer anderen Farbe die Subjekte.
In welchem Kasus (Fall) stehen Subjekte immer?

Satzglieder I

Alles dreht sich um …

1.

a) Im Buchstabenfeld sind senkrecht und waagerecht neun Verben versteckt. Markiere sie.
Tipp: Alle Verben stehen im Infinitiv (in der Grundform).

```
              s o o o g o
b o o o k r i t z e l n o o c o o o e o
e o o o a o o o o o o o o h o o f o
g o o o u o o w o o o o o w o o a o
r o o o f o o o a o o o o i o o l o
e n t d e c k e n o o o o m o o l o
i o o o n o o d o o s c h m e c k e n
f o o o o o o e o o o o o e o o o n o
e o o o o o v e r b i n d e n o o o o
n o o o o o o n o o o o o o o o o o o
```

b) In den folgenden Sätzen fehlen Prädikate. Erfrage sie zum Beispiel so:
(Ferat,) **was tust** du …? Du **schwimmst** …
Ergänze die Verben aus a). Hier sollen sie im Präsens stehen. Worauf musst du achten?

Der Trainer teilt die Staffel ein: „Ferat, du _ _ _ _ _ _ _ _ _ _ als Letzter."
                                                    3

Die neue Schnellstraße _ _ _ _ _ _ _ _ _ _ die beiden größten Städte des Landes.
                              1

Die Klassensprecherin sagt: „Die letzten Matheaufgaben _ _ _ _ _ _ _ _ _ _ wir nicht."
                                                              5

Pia kündigt an: „In der Boutique ‚Venetia' _ _ _ _ _ _ ich mir morgen Jeans."
                                               10

Der Hüttenwirt erklärt: „Ihr _ _ _ _ _ _ _ _ nur auf Wegen mit dem blauen Dreieck."
                                 2

Der ertappte Schüler murmelt: „Sie _ _ _ _ _ _ _ _ _ aber auch alles, Frau Sprachlos."
                                        7

Gelangweilt _ _ _ _ _ _ _ _ die Studenten irgendwelche Zeichen auf ihre Blätter.
                 8

Unserer neunundfünfzigjährigen Oma _ _ _ _ _ _ _ _ der Vorruhestand überhaupt nicht.
                                         6   11

Herrn Bauer _ _ _ _ _ _ _ _ ein selbst gemachtes Müsli immer noch am besten.
                 9

c) Lösung: Alles dreht sich um _ _ _ ? _ _ _ _ _ _ _ _ , oder?
                                1 2 3 4 5 6 7 8 9 10 11

d) Unterstreiche das Subjekt in jedem Satz, in dem du das Prädikat ergänzt hast.

2. Nicht so heftig!

Bei den Oympischen Spielen schubst der Zehnkämpfer die Kugel auf Rekordweite.

„Ihr schlagt den Wagen doch nicht etwa bis zur Werkstatt?", wundert sich Mutti.

Der neue Schüler prahlt: „Mit der Hand stoße ich eine rohe Kartoffel zu Brei."

Heute drücken die Weltmeister der beiden Vereinigungen um den Titel im Schwergewicht.

Mara muntert ihre Freundin auf: „Auf 50 Meter Kraul boxt du Sabine um eine Länge."

„Die Jungen schieben immer", beschwert sich Tanja bei der Lehrerin.

Die Prädikate (Redesätze!) richten sich zwar in Numerus (Zahl) und Person nach dem Subjekt, aber sie passen inhaltlich nicht zum Subjekt.
Finde den passenden Satz für jedes Prädikat, unterstreiche das Subjekt und ersetze das passende Prädikat in der richtigen Form.

Satzglieder I

Die Saison beginnt

3. „Gestern bin ich mit meinen Eltern zur Saisoneröffnung des FC gefahren", erzählt Mark am Montagmorgen. „Was haben die denn da veranstaltet?", fragt Tonio interessiert. „Zuerst hat uns der Stadionsprecher die Spieler vorgestellt." – „Sind denn alle da gewesen?", will Sandra wissen. Mark schüttelt den Kopf. „Der Ranolda hat gestern natürlich gefehlt. Der hat ja bei der Weltmeisterschaft mitgespielt. Der kommt erst in zwei Wochen zurück."

„Haben die auch ein Spiel gezeigt?", fragt Tonio. Mark nickt. „Das hat mir sogar gefallen." Er fügt hinzu: „Der Gegner ist allerdings nur ein Kreisligist gewesen." Er kramt in seiner Hosentasche und zieht mehrere Karten hervor. „An euch habe ich auch gedacht." Damit gibt er Sandra eine Karte. „Du hast mir ein Autogramm von Schulli mitgebracht!", jubelt sie los. Auch Tonio freut sich über die Karte, die ihm Mark gibt. „Die bewahre ich sorgfältig auf", verspricht er und erkundigt sich: „Bist du extra meinetwegen zu dem Bauer gegangen?" Mark lacht. „Ich habe ihn zweimal ganz nah gesehen. Das erste Mal ist er direkt an mir vorbeigegangen und dann hat er ja mit ein paar anderen zusammen in einem Zelt Autogramme gegeben." Sandra seufzt: „Den Schulli gucke ich mir irgendwann mal beim Training an." – „Ihr habt etwas verloren", ertönt plötzlich hinter ihnen eine Stimme. Mathemüller hält einige Autogrammkarten in der Hand. „O je, die sind mir wohl eben aus der Tasche gefallen!", ruft Mark. „Danke!"

a) Hier bildet in jedem Redesatz das Prädikat eine Satzklammer, z. B.: … bin … gefahren. Markiere alle Satzklammern. Tipp: Die meisten Prädikate stehen im Perfekt, drei im Präsens.

b) Unterstreiche das Subjekt. Welcher Prädikatsteil richtet sich immer nach dem Subjekt?

c) Schreibe folgende Sätze erst im Perfekt und dann im Futur auf:
Sandra besucht an einem Ferientag das Training ihrer Lieblingsmannschaft.
Tonio begleitet seine Freundin Sandra zum Fußballtraining.
Sandra und Tonio bringen ihrem Freund Mark ein neues Mannschaftsposter mit.

Motte hat Recht: Eine Satzklammer kann auch mit „wollen" gebildet sein oder z. B. mit „können".

4. Es fehlt: dürfen – können – lassen – müssen – wollen
Sandra ∨ Schulli unbedingt beim Training beobachten. Ihre Mutter erlaubt es.
Sie sagt: **„Du mit Tonio hinfahren, aber du um sechs Uhr wieder zu Hause sein."**
Als sie ankommen, schlägt Tonio vor: **„Wir ja vor dem Kabinenausgang auf die Spieler warten."**
Sandra nickt. **„Dann ich mir von Schulli ein Autogramm auf mein T-Shirt schreiben."**

a) In den hervorgehobenen Sätzen fehlt der erste Teil der Satzklammer. Markiere die Stelle.

b) Schreibe die hervorgehobenen Sätze ab und ergänze den fehlenden Prädikatsteil, z. B.: will.

Satzglieder II

Satzglieder II

Notwendige Prädikatsergänzungen = Objekte	Ein grammatisch vollständiger Satz benötigt häufig eine Ergänzung. **Beispiele:** Andy macht … (wen oder was?) – Andy macht **einen Handstand**. Das Fahrrad gehört … (wem?) – Das Fahrrad gehört **meiner Mutter**.
Objekte	Objekte sind Satzglieder, die das Prädikat (notwendig) ergänzen.
Genitivobjekt	Das Genitivobjekt kommt sehr selten vor. Es hängt direkt von bestimmten Verben ab, z. B.: sich bedienen, sich brüsten, sich enthalten, sich schämen. Man erfragt es mit: Wessen …? **Beispiel:** Mein Urgroßvater erfreut sich **eines langen Lebens**.
Dativobjekt	Man erfragt das Dativobjekt mit: Wem (oder was) …? **Beispiel:** Ronny ähnelt **seinem Zwillingsbruder** bis aufs Haar.
Akkusativobjekt	Das Akkusativobjekt ist eine häufige Ergänzung zum Verb. Man erfragt es mit: Wen oder was …? **Beispiel:** Oma hat auf dem Pfarrfest **ein Paar Inliner** gewonnen.
Präpositionalobjekt	Das Präpositionalobjekt wird durch eine Präposition (ein Verhältniswort) eingeleitet. Sie ist immer eng mit dem Verb verbunden. Erfragt man ein Präpositionalobjekt, gehört die Präposition zur Frage, z. B.: **Auf** wen oder was/Wor**auf** …? **Vor** wem …? **Beispiele:** Maria <u>wartet</u> sehnsüchtig <u>**auf** die Sommerferien</u>. Der kleine Philipp <u>fürchtet</u> sich <u>**vor** großen Hunden</u>.
Adverbialien (Umstandsbestimmungen)	Adverbialien sind meistens Satzglieder, die das Prädikat nicht notwendig ergänzen. Sie geben zusätzliche Informationen über einen Umstand. Adverbialien können aus einem Wort, einer Wortgruppe oder aus einem Nebensatz (= Gliedsatz) bestehen.
des Ortes	Das Adverbiale des Ortes gibt den Ort, die Richtung oder Herkunft an. Man erfragt es mit: Wo …? Wohin …? Woher …? **Beispiel:** **Vor unserem Haus** stand gestern ein echter Ferrari.
der Zeit	Das Adverbiale der Zeit erfragt man mit: (Seit) Wann …? Wie lange …? Wie oft …? **Beispiele:** Vor unserem Haus stand **gestern** ein echter Ferrari. **Als ich nach Hause kam**, stand ein Ferrari vor der Tür.
der Art und Weise	Das Adverbiale der Art und Weise erfragt man mit: Wie …? **Beispiel:** Ich wünsche dir **von ganzem Herzen** alles Gute.
des Grundes	Das Adverbiale des Grundes erfragt man mit: Warum …? Wozu …? **Beispiele:** Ich wünsche dir **zum Geburtstag** alles Gute. Ich wünsche dir alles Gute, **weil du Geburtstag hast**.

Satzglieder II

G-S 24

Mindestens eins fehlt!

1. Wir nehmen ... | Ich wünsche ... | Vati trägt ...

Wir nehmen den

Ich besitze ... | Ich verstoße ... | Ich sehe ...

Meine Frau möchte ... anprobieren. | Felix hat ... geschenkt. | Der Verstorbene hat ... vererbt.

a) Lies die Sprechblasentexte. Welche Informationen fehlen deiner Meinung nach? Wie erfragst du die fehlenden Informationen?

b) Mit den folgenden Ergänzungen kannst du sinnvolle Sätze bilden:
einen Ring | einen neuen Luftballon | die Verantwortung | das unterste Kleid | keinen Pfennig | den Hinterbliebenen
eine große, kräftige Frau | den Kinderteller „Pinocchio" | die letzten drei | seine Schulden | mir | seiner Freundin
Schreibe sie vollständig unter die Bilder. Markiere Akkusativ- und Dativobjekte in zwei Farben.

2. **Mit – ohne?**

| Sina macht | Melanie führt aus | Der neue Brunnen gefällt | Metin besucht |
| Jenny schenkt | Tante Ira jätet | Das Mountainbike gehört | Vater überlässt |

a) Welche Sätze benötigen nur ein Akkusativobjekt (A), welche ein Dativobjekt (D)? Welche Sätze benötigen beide Ergänzungen? Markiere mit AD.

b) ✏ Finde passende Akkusativ- und/oder Dativobjekte und schreibe sinnvolle Sätze.

Satzglieder II

Verbenrätsel

1. äh- ant- be- be- bor- dro- er- ho- ko- mö- ra- scha- tra- ver- weg- ➡
   ⬅ -fürch- -schüt- -neh- -wor- -zäh- -zei- ➡
   ⬅ -chen -den -gen -gen -gen -hen -hen -len -len -men -neln -ten -ten -ten -zen

*sch*_____	_____	_____
jdm etwas Böses zufügen	jdn behüten	etwas herbeischaffen
*ä*_____	_____	_____
jdm im Aussehen gleichen	jdn/etwas schleppen	(jdm) etwas mitteilen
_____	_____	*b*_____
jdm vergeben	etwas erhitzen	(jdm) etwas leihen
*d*_____	*bef*_____	_____
jdm „die Pistole auf die Brust setzen"	etwas mit Sorge erwarten	(jdm) etwas stehlen
_____	_____	_____
jdm einen Rat geben	jdn/etwas gern haben	(jdm) etwas erwidern

   jdm = jemandem, jdn = jemanden

a) Löse das Silbenrätsel.

b) Sieben Verben von a) passen hier. Ergänze sie und bilde die Objekte im richtigen Kasus (Fall):

   Die Pudelwelpen __ __ __ __ __ _____ (ihre Mutter) bis auf die Locke.

   Der Autoverkäufer __ __ __ _____ (der Kunde) zum Kauf des teuren Modells.

   _____ (der Fingerhut) __ __ __ __ __ man natürlich nicht auf dem Kopf.

   Bei Gewittern __ __ __ __ __ __ __ __ Oma _____ (das Schlimmste).

   „Ich __ __ __ __ ____ (du) sehr", gesteht der verliebte Hannes der blonden Annegret.

   Geld __ __ __ __ Paul nur _____ (seine besten Freunde).

   „__ __ __ __ __ __ __ __ __ ____ (ich) bitte bald!", schreibt Jenny an ihre Brieffreundin.

c) Unterstreiche Dativ- und Akkusativobjekte in verschiedenen Farben.

d) ✏ Bilde eigene Sätze mit den restlichen Verben aus dem Silbenrätsel.
   Verwende Akkusativ- und/oder Dativobjekte.

e) ⚡ In welchem Kasus folgt das Objekt diesen Verben:
   gefallen   gehören   gelingen.
   Schreibe jeweils einen Satz mit dem passenden Objekt.

2. **Ein neuer Kasus**
   Ein Rehkitz hat seine Mutter verloren. Ein Spaziergänger begegnet dem Rehkitz.
   Der Förster nimmt sich des Rehkitzes an.   Die Kranken bedürfen der Behandlung und Hilfe.
   Der Arzt behandelt die Kranken. Die Schwester hilft den Kranken.

a) In jedem Satztrio findest du je ein Akkusativ-, Dativ- und Genitivobjekt. Markiere verschieden.

b) ✏ Schreibe jedes Verb im Infinitiv (in der Grundform) mit dem Objekt auf, z. B.:
   seine Mutter verlieren.

Satzglieder II

Hagen von Tronje

3. Kennst du die Nibelungen-Sage? Nein? – So lass dich in die Sagenwelt hineinziehen von einem Mann, der damals eine wichtige Rolle gespielt hat: Hagen von Tronje.

In Tronje, hoch im Norden, war ich zu Hause, doch ich hatte meine _____ verlassen, um meinem Freund und König, Gunther von Burgund, in Treue zu dienen. Die Menschen sagten, dass ich wie kein anderer _____ zu führen wisse. Ich hatte den Ruf eines gefürchteten Kriegers und das war mir recht so. Ich war ein schweigsamer Mensch und ich pflegte ei_____ mit Misstrauen zu begegnen. Ich lachte selten, Fröhlichkeit war nicht meine Sache. Ich bevorzugte schwarze Kleidung. Später trug ich zudem noch eine Augenklappe, denn ein Auge hatte ich auf dem Schlachtfeld verloren. Zum Lächeln brachte mich nur Kriemhild, die blutjunge Schwester des Königs. Bei ihr hellte sich meine düstere Miene auf. _____ erfreute ich mich gern.

Es war an einem nasskalten Herbsttag. Da sah ich _____. Eine schwarze Krähe flog krächzend um die nebelverhangenen Burgtürme zu Worms. Sie trotzte _____. Und dann kam er: Siegfried von Xanten. Sein Ruf als Drachentöter war ihm vorausgeeilt. Man sagte, er sei unverwundbar. Er suchte jeden Kampf und rühmte sich _____. Und nun wollte er _____ messen mit dem Herrn von Worms. Ehrfürchtig betrachteten ihn jene, die zusammengelaufen waren. Er war von hoher, kräftiger Gestalt und unter seinen blonden Haaren blitzten übermütig die blauen Augen. Den Kampf konnten wir abwenden, aber Siegfried blieb.

Als Kriemhild _____ begegnete, war es um sie geschehen. Auch er erlag _____. Fortan kämpfte er Seite an Seite mit uns und errang ruhmreiche Siege für Burgund. Die Menschen bewunderten _____. Verborgen unter seiner Tarnkappe besiegte er sogar in Gunthers Namen _____, auf dass Gunther sie zur Frau nehmen konnte. Mein König tat es, aber sein Herz wurde immer schwerer. Das Volk wandte sich von ihm ab und _____ zu.

Es musste etwas geschehen! Ich fasste _____. Kriemhild vertraute _____. So kannte ich die einzige verwundbare Stelle an Siegfrieds Leib. Und er, der strahlendste Held, der jemals auf Erden gelebt hatte, starb, rücklings durchbohrt von einem Schwert. Selbst ich, ein alter Krieger, schäme mich in diesem Augenblick _____ nicht.

a) Im Text fehlen Genitiv-, Dativ- und Akkusativobjekte. Achtung: Hier stehen sie im Nominativ!

Genitiv: ihre kindliche Zuneigung, seine Heldentaten, meine Tränen

Dativ: ein Fremder, die Pfeile meines besten Bogenschützen, der strahlende Hüne, ihr Liebreiz, der heimliche Herrscher, ich

Akkusativ: meine kalte Heimat, das Schwert, der Vorbote des Unheils, seine Kräfte, er, die Walkürenkönigin Brunhild, ein Entschluss

Setze die Satzglieder in den Kasus (Fall), der davor steht. Schreibe sie in die Lücken.

Tipp: Die Objekte stehen jeweils in der Reihenfolge, in der du sie einsetzen musst.

b) Forme die drei Sätze mit den Genitivobjekten in eine „zeitgemäße" Sprache um.

Satzglieder II

Was zusammengehört

4. abhängen   vor   _____

     sich fürchten   an   _____

     fragen   von   _____

     sich beziehen   in   _____

     denken   auf   _____

     aufhören   nach   _____

     sich täuschen   mit   _____

a) Jedes Verb ist hier mit einer Präposition (einem Verhältniswort) eng verbunden. Ziehe die Linien und schreibe Verb + Präposition auf.

b) In den folgenden Sätzen fehlen die Verben und ihre „festen" Präpositionen (a). Ergänze sie:

Der Tourist kennt sich nicht aus. Er … einen Spaziergänger … dem Weg.
    Sara hat Ballettunterricht. Jetzt ist ihre Hüfte krank. Sara muss wohl … dem Tanzen …
  Davids Freundin Stefanie ist in einen anderen Ort gezogen. David … sehr oft … sie.
        Tanjas Versetzung … ausschließlich … ihrer Mathenote …
* Oma mag keine Krabbeltiere. … Spinnen … sie … besonders.*
      Frau Müller bewirbt sich als Möbelverkäuferin. Sie … ein Stellenangebot.
  Herr Karl betrachtet den neuen Anzug bei Licht. O je, da hat er … schwer … der Farbe …

c) Unterstreiche die Objekte, die auf die Präpositionen folgen.

d) Erfrage die Präpositionalobjekte, zum Beispiel so: *Nach wem oder was/wonach fragt der Tourist einen Spaziergänger? Nach dem Weg.*

5. **Achtung: Präpositionen vertauscht!**

Die Polizei warnt nach einem gerissenen Handtaschendieb.   _____

Die kesse Tanja passt gar nicht gern für ihren kleinen Bruder auf.   _____

Herr Hansen kann sich stundenlang vor Buddelschiffen beschäftigen.   _____

Der vergessliche Professor forscht vergeblich mit seinen Unterlagen.   _____

Die Sportlehrerin sorgt mit ihrer Trillerpfeife auf Ruhe.   _____

Streiche die falschen Präpositionen durch und schreibe sie richtig darüber.
Unterstreiche das folgende Objekt und bestimme den Kasus (Fall).

Satzglieder II

Fragen und Antworten

6.

a) Beantworte die Fragen mit den passenden Kurzantworten.
   Ergänze vorher die Präpositionen (Verhältniswörter). Auf welche Weise findest du sie?

b) Ändere jedes Fragewort so, dass der Kasus (Fall) deutlich wird, z. B.: Vor **wem** oder was …?
   Schreibe die Fragen mit geändertem Fragewort untereinander mit Abstand auf.

c) Beantworte die Fragen ausführlich, z. B.: Ich laufe **vor** einem bissigen Hund weg.

7. Noch mehr Fragen

Wozu
(Zu wem oder was) gratulieren die Gäste dem Brautpaar?   viele Glückwünsche
An wen oder was glaubten viele nordamerikanische Indianerstämme?   seine Frau
Vor wem oder was flieht die junge Antilope in wilder Panik?   Manitu
Für wen oder was hat sich die 90-jährige Jubilarin bedankt?   jagende Löwinnen
Auf wen oder was kann sich Daniela immer verlassen?   die Hochzeit
Mit wem oder was streitet sich Herr Müller am liebsten?   ihre beste Freundin

a) Verbinde die Fragen mit den Antworten, die hier im Nominativ und ohne Präposition stehen.

b) Schreibe jede Frage und ihre ausführliche Antwort auf. Achte auf den Kasus (Fall).

c) Verkürze hier die Fragewörter auf eins. Schreibe zwei Wörter, wenn eine Person erfragt wird.

Satzglieder II

Satzgitter

8.

Jeder Mensch hat Grundbedürfnisse.

Maria freut sich auf die Sommerferien.

Opa ist schon lange tot, aber Oma erzählt noch oft von ihm.

Bea kauft sich einen heißen Mini.

Die neue Partei kämpft für eine bessere Umwelt.

Andreas gibt mit seinen teuren Jeans an.

Das Fohlen folgt brav seiner Mutter.

Uropas Freundin traut niemandem.

Der Arzt sorgt sich um seinen Patienten.

Die Touristin hat ihr ganzes Urlaubsgeld verloren.

Eva zeigt ihren Rucksack allen Freunden.

Fünf Parlamentsabgeordnete enthielten sich der Stimme.

Tanja bedankt sich für kluge Ratschläge.

Das Schnarchen ihres Mannes raubt Frau König den Schlaf.

Angeblich schützt diese Creme vor Falten.

Spiel mir bitte noch einmal dieses Lied vor!

Wenn Bea sich 'nen Mini kauft, kann ich mir auch einen kaufen.

a) Lies jeden Satz gründlich.
Du findest Genitiv-, Dativ- und Akkusativobjekte sowie Objekte, die auf eine Präposition (ein Verhältniswort) folgen.
Unterstreiche die Genitiv-, Dativ- und Akkusativobjekte in verschiedenen Farben.
Achtung: Manchmal gibt es in einem Satz ein Dativ- und ein Akkusativobjekt!

b) Unterscheide die Präpositionalobjekte nach Dativ und Akkusativ und markiere die Präposition.

Satzglieder II

Sag es genauer!

1. Kai und Sidal besuchen *bald / am Montagnachmittag / am Wochenanfang* eine Zirkusvorstellung.
Peter erzählt: „Wir fahren in den Ferien *in den Süden / auf eine Mittelmeerinsel / nach Kreta*."
Opa stellt schaudernd fest: „Heute regnet es *stark / wolkenbruchartig / ziemlich heftig*."
Das neue Kino-Center entsteht *dahinten / in der Nähe / an der Ecke Lessingstraße/Goethestraße*.
Der Zahnarzt verspricht Jasmin: „Ich bohre *drei Minuten / nicht lange / nur wenige Minuten*."
Jens hat sein Wissen über Vögel *aus der Literatur / aus einem Buch / aus einem Vogelkundebuch*.
Andrea hat *häufig / montags und donnerstags / ein paar Mal in der Woche* Volleyballtraining.
Überlegen / Mit einem Zehntel Vorsprung / Um Längen hat Jana mit ihrem Pony den Lauf gewonnen.
Max hört ein seltsames Geräusch, es kommt *aus dem Garten / von draußen / nicht aus dem Haus*.
Im Sommer / Am 1. August / In den Semesterferien wird Tims Schwester ein Praktikum beginnen.
Herr Jammer sagt: „Frau Doktor, *unter dem Ellenbogen / hier / an meinem Arm* tut es weh."
Unsere Mannschaft kämpfte *mit Ausdauer / verbissen / mit den letzten Reserven* um den Sieg.
Tobias verkündet: „Irgendwann ziehe ich *in den Westen / nach Texas / über den Großen Teich*."
Kerstin kennt ihre beste Freundin *seit der Kindergartenzeit / schon lange / acht Jahre*.
Tante Edda aus Aurich trinkt ihren Tee *mit viel Kandiszucker / sehr süß / zuckersüß*.
Mara fragt Nadine: „Leihst du mir die CD *einige Tage / bis zum Wochenende / bis Sonntag*?"
Unsere Nachbarn gehen *regelmäßig / jeden Samstagabend / einmal in der Woche* in die Kirche.

a) In jedem Satz werden drei Vorschläge für ein Adverbiale (eine Umstandsbestimmung) gemacht. Welche Angabe ist am genauesten? Streiche die anderen beiden durch.

b) In den Sätzen werden Adverbialien der Zeit, des Ortes und der Art und Weise verwendet.
Erfrage jedes Adverbiale, z. B. so: <u>Wann besuchen Kai und Sidal ...?</u>
Tipp: Wenn du die Fragewörter nicht mehr genau kennst, lies zuerst den Comic.

Wann? Wohin? Wie? Wo? Wie lange? Woher? Wie oft? Seit wann? Warum soll ich das alles können?

Warum? Gute Frage! Diese Schläger zum Beispiel habe ich **zum Federballspielen** mitgebracht. Und das ist ein Adverbiale des Grundes.

In meinem Fall heißt dieses Adverbiale ganz klar „wegen Frau Sprachlos".

2. **Aus einem bestimmten Grund**

Mark kann _____ nicht am Fußballtraining teilnehmen.

Sinas große Schwester hat _____ das Foto ihres Freundes zerrissen.

O je, unser Dackel hat _____ ein Bächlein in den Flur gemacht!

_____ schenkt Miriam ihrer Oma einen selbst gestrickten Schal.

zum 70. Geburtstag ∎ wegen einer Muskelzerrung ∎ aus Eifersucht ∎ vor lauter Freude

a) Ergänze das treffende Adverbiale des Grundes.

b) Unterscheide alle Adverbialien dieser Seite nach ihren vier Arten in einer Tabelle.

Satzglieder II

Ist der Neue ein Angeber?

3.

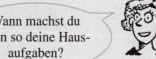

- Wo wohnt ihr denn überhaupt?
- Meine Aufgaben mache ich nachts.
- Keine zehn Minuten brauche ich dafür.
- Woher hast du das tolle Fahrrad?
- Warum bist du nicht auf das Schillergymnasium gegangen, sondern zu uns gekommen?
- Heute Abend gehe ich natürlich in das neue Kino-Center.
- Ich trainiere nicht hart, sondern aus reinem Vergnügen.
- Wie oft trainierst du in deinem Badmintonclub?
- Wie lange brauchst du für deine Hausaufgaben?
- Zu euch bin ich wegen der besonders hohen Anforderungen gekommen.
- Das habe ich aus einem Spezialgeschäft für Profifahrer.
- Seit wann spielst du denn schon Badminton?
- Wie kriegst du denn Schule und Sport auf die Reihe?
- Wir wohnen auf dem Prominentenhügel.
- Ich spiele seit dem ersten Schuljahr Badminton.
- Wohin gehst du heute Abend?
- Wozu trainierst du so hart?
- Ich trainiere jeden Tag.
- Ich kriege alles ohne Probleme auf die Reihe.
- Wann machst du denn so deine Hausaufgaben?

a) Die Mitschüler(-innen) fragen Tobias aus. Suche auf jede Frage die richtige Antwort. Unterstreiche jeweils die Fragewörter und die erfragten Adverbialien (Umstandsbestimmungen), z. B.: <u>Wo</u> wohnt ihr denn überhaupt? – Wir wohnen <u>auf dem Prominentenhügel</u>.

b) Schreibe die Fragen und Antworten ab. Unterstreiche die Adverbialien in vier Farben, je eine für Adverbialien des Ortes, der Zeit, der Art und Weise und des Grundes.

Satzglieder II

Maikes Ferienfotos

4. Maike zeigt der Freundin Fotos von ihrer Ferienreise. Natürlich erzählt sie einiges dazu:

Mama steht am Strand und schaut in die Ferne.	Wo wir unsere Zimmer hatten, habe ich die Punkte gemalt. Wenn man die Fenster öffnen wollte, musste man die Klimaanlage abschalten.	Auf diesem Foto kannst du den ganzen Berg gut sehen und es zeigt deutlich den Eingang der Tropfsteinhöhle.
Hier hat Thomas getaucht und jetzt siehst du das Ergebnis.	Als wir das Bergdorf erreichten, hatte ich einen Riesendurst. Ich musste Quellwasser trinken, weil es nichts anderes gab.	Über diesen Schnappschuss hat Mama laut gelacht: Papa bekämpft heldenhaft einen Moskito …
Das ist ein 4000 Jahre alter Wachturm und daneben steht eine Reiseleiterin. Die hat gern Witze erzählt.	Wegen meines verstauchten Fußes mussten wir die alte Ausgrabungsstätte im Schneckentempo besichtigen.	Papa hat „Wiederbelebungsversuche" gemacht, nachdem Mama Wasser geschluckt hatte. Thomas guckt zu, während ich das Ganze fotografiere.
In diesem Café wurden die Eisbecher kunterbunt verziert und sie schmeckten köstlich!	Leider hat dieses Foto einen schwarzen Schatten. Ich habe dämlicherweise die Sonnenblende verbeult.	Das ist Jens aus Köln, er kommt uns in den Herbstferien besuchen …

a) Maike benutzt Adverbialien (Umstandsbestimmungen), und zwar zu jedem Foto zwei.
Die Adverbialien haben unterschiedliche Formen: Adjektive, Adverbien (Umstandswörter), Präpositionalausdrücke (Wortgruppen, die mit einem Verhältniswort beginnen) und Gliedsätze.
Markiere alle Adverbialien. Tipp: Die Adverbialien zum selben Foto haben auch dieselbe Form.

b) Schreibe die Adverbialien ab und unterscheide sie nach ihren Formen, z. B. so:
Adjektive: gut, …   Adverbien: hier, …   Präpositionalausdrücke: am Strand, …
Gliedsätze: <u>Wo wir unsere Zimmer hatten</u>, habe ich die Punkte gemalt. …

c) Ordne auch so: Adverbialien des Ortes, der Zeit, der Art und Weise und des Grundes.

Satzglieder II

Der Zeuge

5. Der Zeuge sagt:

Der Mann kam in das Lokal.

Er bedrohte den Wirt.

Man konnte ihn kaum verstehen.

Er schlug den Wirt.

Dann schoss er ein paar Mal.

Plötzlich zuckte er zusammen.

Er drehte sich um und floh.

Wir sahen ihm erleichtert nach.

Er fuhr davon.

Sein Fahrzeug war sehr auffallend.

Er hatte eine große Narbe.

Seine Haare waren lang.

Er hatte eine Tageszeitung.

Ich glaube, ich habe ihn schon einmal gesehen.

von der Gartenterrasse 20:00	

weil er ihn zur Eile antreiben will

von der Eingangstür aus 20:10

stadtauswärts

Der Inspektor fragt:

Warum?

Wie oft genau?
Wohin?

Woher?

Wie/womit?

Wohin?

Wann? – Woher?

Warum?

Wie/womit?
Wohin?

Wo?

Wozu? – Wie?
Wohin?

Wo?

Warum?

Wo?

Und wie noch?

a) Nach den „Aussagen" des Zeugen weißt du nun, was passiert ist.
Aber mit diesen „Aussagen" ist der Polizeiinspektor nicht zufrieden. Er will viel mehr wissen.
Überlege, welche Fragewörter zu welcher „Aussage" passen könnten.
Sieh dir die Bilder und Texte in der mittleren Spalte an. Sie geben die Informationen.
Verbinde die „Aussagen" mit den Informationen und den Fragen.

b) Schreibe eine vollständige „Zeugenaussage", die den Inspektor zufrieden stellen würde.
Formuliere dazu passende Adverbialien (Umstandsbestimmungen) zu den Bildern.

Attribute

Attribute

Attribute (Beifügungen)

Attribute sind Angaben, die ein Bezugswort näher bestimmen. Im Satz kann ein Attribut vor oder nach dem Bezugswort stehen. Es ist Teil eines Satzglieds und bleibt bei der Umstellprobe mit seinem Bezugswort verbunden.

Beispiel: Till ist als ein **fairer** Fußballspieler bekannt.
Als ein **fairer** Fußballspieler ist Till bekannt.
Attribut | Bezugswort (hier: Nomen)

Vorangestellte Attribute

Vorangestellte Attribute sind Angaben, die vor dem Nomen stehen.

Adjektivattribut/ Partizip (Mittelwort) als Attribut

Partizipien können im Satz wie Adjektive gebraucht werden. Nach Adjektivattribut und Partizip fragt man mit: was für ein(e)?

Adjektivattribut

Beispiel: Uroma hat mal wieder eine kluge Entscheidung getroffen.

Partizip Präsens

Beispiel: Der spielende Hund bringt alle Gäste zum Lachen.

Partizip Perfekt

Beispiel: Timo isst gern gebrannte Mandeln.

Nachgestellte Attribute

Einige Attribute, die ein Bezugswort näher bestimmen, stehen im Satz nach dem Nomen.

Genitivattribut (Beifügung im Wessen-Fall)

Das Genitivattribut ist ein nachgestelltes Nomen im 2. Fall. Man erfragt es mit: wessen?

Beispiel: Der neue Rock ihrer Mutter ist Sara viel zu lang.

Attribut mit Präposition (Verhältniswort)

Als präpositionales Attribut (oder: Attribut mit Präposition) bezeichnet man ein nachgestelltes Nomen mit Präposition.

Beispiel: Zur Hochzeit wählt der Bräutigam ein Hemd mit Krawatte.

Adverb (Umstandswort) als Attribut

Ein adverbiales Attribut (oder: Adverb als Attribut) ist ein Adverb, das sich auf ein Nomen bezieht.

Beispiel: Das Haus nebenan gehört einer sehr reichen Frau.

TIPP Das präpositionale und das adverbiale Attribut erfragt man mit: welch(e), welcher, welches?

Apposition (Beisatz)

Als Apposition bezeichnet man eine nachgestellte Wortgruppe mit einem Nomen im selben Kasus (Fall), die durch Komma abgetrennt ist.

Beispiel: Bertram Vogel, ein Trainer der deutschen Nationalmannschaft, wurde oft von seinem Publikum beschimpft.

Attributsatz (Relativsatz)

Einen nachgestellten Gliedsatz, der das Bezugswort näher erläutert, bezeichnet man als Attributsatz oder Relativsatz.

Beispiel: Das Kind, das so fröhlich lacht, ist meine kleine Schwester.

Attribute

„Tierisch" gute Beschreibungen

1.

   rosa
   das schlaue Ferkel
   das gackernde Pferd
   die schwarze Ente
   der rosa Fuchs
   das wiehernde Huhn
   der lahme Panther
   die unschuldige Kuh
   der bellende Schwan
   der stolze Hund
   der dickhäutige Schmetterling
   das gescheckte Lamm
   der federleichte Elefant

   a) Hier ist die Tierwelt ziemlich durcheinander geraten.
      Kannst du die passenden Attribute (Beifügungen) den entsprechenden Tieren zuordnen?

   b) Schreibe so: *das rosa Ferkel, der schlaue Fuchs …*

   c) Ordne die Attribute in einer Tabelle. Unterscheide so:

Adjektivattribut	Partizip (Mittelwort) als Attribut
schlaue …	gackernde …

   Tipp: Du findest insgesamt acht Adjektivattribute, aber nur vier Partizipien.

2. **Bankräuber gesucht**

   Gesucht wird ein Mann im Alter von ca. 25–30 Jahren. Er ist etwa 1,80 m groß. Der schlanke Mann hat eine dunkle Hautfarbe und gelocktes Haar. Der bärtige Täter war mit einer beigefarbenen Windjacke und schwarzen Trainingsschuhen bekleidet. Der muskulöse Mann spricht mit ausländischem Akzent und hat eine breite Narbe auf der Stirn. Nach Augenzeugenberichten hatte der Täter nach dem Schusswechsel eine klaffende und blutende Wunde am rechten Unterarm.

   Auch der zweite Täter ist etwa 25–30 Jahre alt. Seine Größe beträgt ca. 1,85 m. Der hellhäutige Mann hat dichte, blonde Haare und blaue Augen. Zur Tatzeit trug er eine graue Wollmütze, einen dunkelblauen Pullover und braune, gefütterte Stiefel. Der gesuchte Mann hat einen stoppeligen Vollbart und spricht hessischen Dialekt.

   a) Unterstreiche alle vorangestellten Attribute. Achtung: Manche Nomen haben zwei Attribute!
      Markiere dabei die Adjektivattribute und die Partizipien mit unterschiedlichen Farben.

   b) Stelle dir einen Bankräuber/eine Bankräuberin vor und versuche ihn/sie zu zeichnen.
      Verfasse nun selbst einen kurzen Steckbrief und verwende dabei möglichst viele Attribute.
      Tipp: Denke daran, dass das Attribut das Bezugsnomen genauer erklärt.

Attribute

Tour de France

1. Am Rand *der abge*_____ herrscht große Aufregung. Seit Tagen schon fiebern begeisterte Radsportfans der Ankunft _____ in Paris entgegen. „Planchi" steht in großen Buchstaben auf dem Fahrradrahmen _____, Mirco Pantini, zu lesen. Tim kann sich das gleichmäßige Treten _____ schon gut vorstellen. Ihm gefällt das Rad _____, Rick Zobel, am besten. Ob wohl die Ankündigung _____ stimmt? Danach müssten die Fahrer _____ in etwa 30 Minuten auf den Champs-Élysées, im Zentrum _____, eintreffen. „Hoffentlich gewinnt mein Lieblingsteam", wünscht sich Tim und träumt von einer Karriere als Radprofi.

die abgesteckte Fahrbahn, das Fahrerfeld, der Favorit, die Radprofis, der beste Sprinter, die Zeittafel, die Siegermannschaft, die französische Hauptstadt

a) Vervollständige die Sätze durch entsprechende Genitivattribute (Beifügungen im Wessen-Fall). Achtung: Die vorgegebenen Wortgruppen stehen hier im Nominativ!

b) ✏ Verbinde jeweils zwei Nomen zu einer sinnvollen Wortgruppe mit Genitivattribut:
das gelbe Trikot, das grüne Trikot, das gepunktete Trikot –
– die Bergetappe, der Etappensieger, der Sprintkönig.

2. Unterwegs

Am Rande der Fahrstrecke konnten die Radsportfans einiges sehen und erleben:

die Graffiti an der Ufermauer | die Fahrt über den Pass | eine Tüte mit Fritten
ein Reporter vom Fernsehen | die Betreuer im Mannschaftswagen | ein Fan am Wegesrand

a) Jedes erste Nomen ist hier durch ein Attribut mit Präposition (Verhältniswort) näher bestimmt. Unterstreiche das jeweilige Präpositionalattribut, zum Beispiel: an der Ufermauer.

b) ✏ Bilde Sätze mit den vorgegebenen Wortgruppen. Die Bilder helfen dir dabei.
Schreibe zum Beispiel so: *Die Graffiti an der Ufermauer leuchteten hell...*

3. Nach dem Rennen

„Das Rennrad dort gefällt mir gut", erklärt Tim seinem Vater. ➡ „Die Stimmung hier war auch schon mal besser", mault Heike, nachdem die Fahrer viel zu schnell vorbeigebraust sind. ➡ „Fritten draußen schmecken immer noch am besten", freut sich Motte. ➡ „Das Radrennen damals rund um Frankfurt war aber lange nicht so aufregend", erinnert sich Tims Vater.

a) Jeder Satz enthält ein adverbiales Attribut. Finde das jeweilige Umstandswort und markiere es.

b) ✏ Schreibe mindestens zwei weitere Sätze auf, die ein adverbiales Attribut enthalten.

Attribute

Weißt du das?

4.

Niklas liest gerade ein Buch über **Thomas Alva Edison**, ... ◯.

 In Essen gibt es eine Ausstellung über **Vincent van Gogh**, ... ◯.

Astrid Lindgren, ... ◯, erschuf Pippi Langstrumpf und Kalle Blomquist.

 Konrad Adenauer, ... ◯, wurde 1876 in Köln geboren.

Anna und Daria unterhalten sich über **Katharina die Große**, ... ◯, die im 18. Jahrhundert Russland regierte.

berühmte Köpfe   Kennst du **Martin Luther**, ... ◯?

Im Kunstunterricht stellt die Lehrerin **Pablo Picasso**, ... ◯, vor.

1 eine schwedische Kinderbuchautorin   2 der Erfinder der Glühbirne
3 die einflussreiche Kaiserin   4 der spanische Maler und Bildhauer aus Malaga
5 der Reformator der spätmittelalterlichen Kirche   6 der bekannte holländische Maler
7 der erste deutsche Bundeskanzler

a) Ordne den hervorgehobenen Namen die zutreffende Apposition (den ... Beisatz) zu.

b) Schreibe die Sätze mit ihren Appositionen auf. Achte dabei auf den richtigen Kasus (Fall).

5. Musik? Musik!

Das Fagott ist	ein Saiteninstrument, das auch in elektrisch spielenden Bands verwendet wird.
Das Tamburin ist	ein Saiteninstrument, das im Stehen gespielt wird.
Die Gitarre ist	ein großes Holzblasinstrument, das warme und samtige Töne hervorbringt.
Die Orgel ist	ein kleines Blasinstrument, das in eine Hosentasche passt.
Der Kontrabass ist	eine flache Trommel mit kleinen Schellen, die mit den Fingern geschlagen wird.
Die Mundharmonika ist	ein Tasteninstrument, das hauptsächlich in der Kirchenmusik eingesetzt wird.

a) Hier stimmt einiges nicht.
Verbinde den Satzteil mit den Attribut-/Relativsätzen so, dass richtige Aussagen entstehen.
Unterstreiche das Bezugswort.

b) Schreibe die Sätze richtig auf.

c) Kennst du noch andere Musikinstrumente? Beschreibe sie mit Attributsätzen.

Attribute

Schwanensee

Aufgeregte Menschen drängeln sich in den überfüllten Vorraum des Frankfurter Schauspielhauses. William Forsythe, ein bekannter New Yorker Ballettchoreograf, führt „Schwanensee", ein Ballett von P. I. Tschaikowsky, an der Frankfurter Bühne auf.

Eigentlich stehen Julian und Nadine ja eher auf fetzige Rockmusik oder Hip-Hop, aber die Großmutter der beiden Geschwister, die ein echter Ballettfan ist, meinte, dass „Schwanensee" ganz besonders schön sei. Also ziehen die Geschwister ihre feinsten Kleider an und begleiten ihre rüstige Großmutter.

Der Mann am Kartenschalter runzelt ein wenig die Stirn, als er Julian und Nadine sieht, doch Großmutter zeigt schnell die reservierten Karten, teure Logenkarten, und der gestresste Kartenverkäufer lässt die drei am Eingang des Kartenschalters vorbeigehen.

Voll gespannter Erwartung nehmen die Kinder ihre Plätze ein. Plötzlich erkennt Julian inmitten der Menschenmenge Andrea, seine Schulfreundin, und deren jüngeren Bruder Mark, der ein Programmheft in der Hand hält. Die Kinder winken sich noch zu, als es auf einmal dunkel im Saal wird und der schwere rote Vorhang sich öffnet. Ein bärtiger Mann mit Hut verdeckt Nadine zunächst die Sicht auf die Bühne, doch dann können die Geschwister das prächtige Farbenspiel der Bühnenbeleuchtung genießen. Als schließlich das junge Tanzpaar in strahlend weißen Kostümen auf der Bühne erscheint und das große Orchester zu spielen beginnt, sind die Kinder restlos begeistert. So schön hatten sie sich den Abend im Ballett nicht vorgestellt.

a) Lies den Text sorgfältig und unterstreiche alle Attribute (Beifügungen), die du findest.

b) Schreibe nun die Attribute geordnet auf. Unterscheide so:

Vorangestellte Attribute:
Adjektive: …, Partizipien (Mittelwörter): …

Nachgestellte Attribute:
Genitivattribute (… im Wessen-Fall): …, Attribute mit Präposition (Verhältniswort): …, Appositionen (Beisätze): …, Attribut-/Relativsätze: …

Tipp: Der Text enthält insgesamt 37 Attribute.

Achtung: Es gibt Wörter/Wortgruppen, die gleichzeitig zwei verschiedene Attribute sind, z. B.: William Forsythe, ein bekannter New Yorker Ballettchoreograf, …!

Lazy verwendet nur ein Attribut: „eine **besondere** Ente". Motte verstärkt ein Attribut mit einem zweiten, also: „eine **besonders** schöne Ente" oder „ein **strahlend** weißer Schwan".

Sätze verknüpfen

| **Sätze verknüpfen** | Hauptsätze kann man mit Hauptsätzen oder Nebensätzen/Gliedsätzen zu einer Satzreihe oder einem Satzgefüge verknüpfen. |

| **Satzreihe** | Hauptsätze oder gleichrangige Teilsätze können miteinander verknüpft werden durch nebenordnende Konjunktionen (Bindewörter), z. B.: und, oder, aber, denn, doch, jedoch, sondern. |
| nebenordnende Konjunktionen | |

Beispiel:
Zuerst muss Anke Mathe lernen**, doch** danach darf sie reiten gehen.

TIPP   Vor „und" und „oder" steht in der Regel kein Komma.

| **Satzgefüge** | Ein Satzgefüge besteht aus mindestens einem Hauptsatz und einem Gliedsatz. Der Gliedsatz wird dabei dem Hauptsatz untergeordnet. |
| unterordnende Konjunktionen | Wörter, die Hauptsatz und Gliedsatz miteinander verknüpfen, nennt man unterordnende Konjunktionen, z. B.: als, weil, nachdem, während, da, (so) dass, wenn, indem, damit, obwohl. Sie leiten den Gliedsatz ein und können nach ihrer Bedeutung unterschieden werden. |

Beispiele:
kausal (Grund): **Weil sie Mathe gelernt hat,** darf Anne reiten gehen.
temporal (Zeit): Anne darf zum Reiten**, nachdem sie Mathe geübt hat**.
modal (Art und Weise): Anne verbessert ihre Note**, indem sie viel übt**.
konditional (Bedingung): **Wenn Anne für Mathe übt,** darf sie reiten.

Sätze verknüpfen

Sport ist gesund?!

1.
Verenas Klasse hatte gestern Sportunterricht in der Turnhalle. _____	Sie wollte das Trampolinspringen üben.
Pünktlich zur dritten Stunde warteten alle Schüler vor der Turnhalle. _____	Der Sportlehrer ließ auf sich warten.
Endlich kam Herr Fischbach. _____	Man sah ihm an, weshalb er sich verspätet hatte.
Herr Fischbach hatte nämlich eine Grippe. _____	Er wollte den Sportunterricht nicht ausfallen lassen.
Herr Fischbach gab heute nicht selbst die Hilfestellungen am Trampolin. _____	Er überließ Nils und Oliver diese Aufgabe.
Die beiden Jungen hatten sich schon früher bewährt. _____	Sie konnten es nicht verhindern, dass sich Verena den Fuß verstauchte.
Herr Fischbach fuhr Verena ausnahmsweise mit dem Auto nach Hause. _____	Verena konnte kaum noch auftreten.

xxxxxxxxxxxxxxxxxxxxxxxxxxxxxdochxxxxxxxxxxxxxxxxxxxxxxxxxxxxxxx
xxxxxxxxxxxxxxxaberxxxxxxxxxxxxxxxxxdennxxxxxxxxxxxxxxxxxxxxxxxx
xxxxxxxxxxxxxxxxxxxxxxxxxxundxxxxxxxxxxxxxxxxxxxxxxxxxxxxxxxxxxx
xxxxxxxxxxxxxxxxxxxxxxxsondernxxxxxxxxxxxxxxxxxxxxxdennxxxxxxxxx
xxxxxxxxxxxxxxxxxxxxxxxxxjedochxxxxxxxxxxxxxxxxxxxxxxxxxxxxxxxxx

a) Die beiden Hauptsätze jeder Zeile kannst du zu einer Satzreihe verknüpfen. Wähle eine nebenordnende Konjunktion (ein … Bindewort) aus und schreibe sie dazwischen.

b) Schreibe jede Satzreihe mit ihrer Konjunktion auf. Vor welche Konjunktion wird hier kein Komma gesetzt?

2. **Noch mehr Sport**

Ich wünsche mir zum Geburtstag einen Fußball	○ oder als Basketballtrainer kann er sich seine Zukunft auch vorstellen.
Verenas Klasse sollte gestern auf dem Sportplatz trainieren	○ aber sie beherrscht noch immer keine saubere Pirouette.
Dennis möchte einmal Basketballprofi werden	○ jedoch ihre Freundin will sich lieber im Hochsprung versuchen.
Herr Fischbach ließ heute nicht das Trampolin aufbauen	○ aber ein heftiger Regen hielt sie davon ab.
Adriane übte schon stundenlang das Eislaufen	○ doch er kann keine zehn Meter weit tauchen.
Michael kann für sein Alter sehr schnell schwimmen	○ denn ich möchte einmal so gut spielen können wie Rinaldi.
Bianca trainiert für das Sportabzeichen den Weitsprung	○ und alle außer Verena waren sehr enttäuscht.

a) Ordne die gleichrangigen Teilsätze sinnvoll zu und unterstreiche die Konjunktionen.

b) Vor welche Konjunktionen musst du ein Komma setzen? Trage es ein. Wo lässt du das Komma weg?

c) Bilde selbst aus dem Bereich Sport drei Satzreihen. Verwende: denn, aber, sondern.

Sätze verknüpfen

Schule und Alltag

1. Bevor du mit den Hausaufgaben beginnst solltest du deinen Schreibtisch ordnen.
Wenn Moritz einen Text laut spricht prägt er sich den Inhalt besser ein.
Nachdem Su die Schablone ausgeschnitten hatte konnte sie mit dem Siebdruck beginnen.
Ich lerne meine Vokabeln damit ich eine fremde Sprache besser sprechen kann.
Obwohl Thomas in Geschichte aufgepasst hatte schrieb er im Test eine Fünf.
Ich war sehr verlegen als ich plötzlich mein Hausaufgabenheft zeigen sollte.
Viele Kinder gehen nicht gern zur Schule weil sie lieber Freizeit haben möchten.
Weißt du schon so viel dass du deinen Lehrern etwas vormachen kannst?
Beatrice wird im Rechnen sicherer indem sie regelmäßig Kopfrechnen übt.
Obgleich du hier viel zur Kommasetzung lernen kannst willst du jetzt sicher aufhören.

a) Rahme in diesen Satzgefügen alle Konjunktionen (Bindewörter) ein, die einen Gliedsatz einleiten, und unterstreiche das konjugierte (gebeugte) Verb am Ende des Gliedsatzes.

b) Ergänze nun das fehlende Komma. Wo muss es stehen?

c) Suche dir drei Sätze aus, in denen der Gliedsatz vorn, und drei, in denen er hinten steht. Vertausche jeweils Gliedsatz und Hauptsatz und schreibe die Sätze neu auf.

2. Alltagssituationen

da die Zwillinge morgen Geburtstag (haben)
wenn das Wetter schön (sein)
bevor er abends ins Bett (gehen)
während Tim Bretter (zersägen)
indem du Schachspielern (zusehen)
damit er eine Pilzpfanne zubereiten (können)

Benedikt soll seine Zähne putzen _____.
David sammelt im Wald Pilze _____.
Wir machen am Sonntag einen Ausflug in den Freizeitpark _____.
Maria flickt einen Fahrradschlauch _____.
Mutter backt einen Geburtstagskuchen _____.
Du kannst das Schachspiel lernen _____.

a) Verknüpfe die Hauptsätze mit den passenden Gliedsätzen. Die Bilder helfen dir dabei. Vergiss nicht die Kommas und achte auf die richtige Personalform des Verbs.

b) Schreibe die vollständigen Satzgefüge ab und unterstreiche das Verb des Gliedsatzes.

Sätze verknüpfen

Jan hat ein Problem

3. „Ich weiß, <u>weil</u> heute ein guter Film im Kino läuft", sagt Mirco zu seinem Freund. _____
<u>Als</u> Jan große Lust hat mit Mirco ins Kino zu gehen, schüttelt er traurig den Kopf. _____
„Geht nicht", lehnt er bekümmert ab. „<u>Damit</u> meine Mutter heute einen Termin beim _____
Zahnarzt hat, muss ich auf meinen kleinen Bruder aufpassen." – „Nimm David doch einfach
mit in die Nachmittagsvorstellung!", schlägt Mirco vor. <u>Nachdem</u> Jan noch überlegt, _____
schüttelt er schon den Kopf. „Nein", meint er schließlich, „<u>dass</u> David das dann _____
Mutter erzählt, darf ich ohnehin nicht mehr ins Kino gehen. Außerdem ist der Film auch erst ab
zwölf Jahren freigegeben und David ist für „Kampf mit den Außerirdischen" zu klein." Die zwei
Freunde schauen sich ratlos an, <u>da</u> ihnen eine Lösung einfällt. „Ich habs!", ruft _____
Jan auf einmal ganz begeistert. „Du kennst doch Stella, die bei uns im Haus wohnt und die
eine Ausbildung zur Erzieherin macht?" Und <u>bis</u> Mirco nickt, redet Jan sofort be- _____
geistert weiter. „Ich frage Stella einfach mal, <u>weil</u> sie auf David aufpassen kann. _____
<u>Obwohl</u> Stella mit ihm spielt, hält er Mutter gegenüber bestimmt dicht ..." _____
„... und wir bringen Stella aus der Stadt eine Riesenportion Eis mit", ergänzt Mirco strahlend.

a) Die markierten Konjunktionen (Bindewörter) passen hier inhaltlich nicht.
Wähle aus folgenden Konjunktionen die jeweils passende und schreibe sie ans Ende der Zeile:
wenn, als, dass, ob, obwohl, ohne dass, während, weil, wenn.

b) Streiche die Konjunktionen hier durch und schreibe (zumindest) die korrigierten Sätze ab.

4. **Jans Mutter hat Fragen**   Jan antwortet: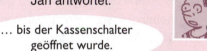

Warum bist du mit
Mirco ins Kino gegangen?

Wann habt ihr euch denn zum Kino verabredet?

Wie habt ihr denn Stella überredet,
auf David aufzupassen?

Wozu habt ihr denn eure Schüler-
ausweise mitgenommen?

Wie lange habt ihr vor dem Kino gewartet?

... bis der Kassenschalter
geöffnet wurde.

... indem wir ihr eine große Portion
Eis versprochen haben.

... weil ich den neuen Film unbedingt sehen wollte.

... als wir aus der Schule kamen.

... damit der Kartenverkäufer uns glaubt,
dass wir zwölf Jahre alt sind.

a) Ordne die Gliedsätze ihrer Bedeutung nach den Fragen zu. Tipp: Achte auf die Fragewörter.

b) Schreibe die Satzgefüge so auf: *Ich bin mit Mirco ins Kino gegangen, ...*

G-S 43

STUDIENKREIS

Sätze verknüpfen

Film ab …

1. Daniel, Urs und Lea sitzen in Leas Zimmer. Sie schauen zu, wie dicke Regentropfen an den Fensterscheiben herunterrinnen und sich in kleine Bäche verwandeln.
Die Kinder haben Ferien. Eigentlich wollten sie zum Baden an den See fahren oder eine Radtour wäre auch nicht schlecht gewesen, aber ein heftiges Sommergewitter hatte ihre Pläne verdorben. „Mir ist so langweilig", stöhnt Urs, „und weil ich so viele Gummibärchen gegessen habe, ist mir jetzt auch noch schlecht." Obwohl niemand Urs' Gejammer ernst zu nehmen scheint, wendet sich Daniel schließlich an den Freund: „Selbst schuld", meint er ungerührt, „trotzdem finde ich auch, dass wir etwas unternehmen sollten." Lea sitzt schon seit einiger Zeit grübelnd auf dem Boden, doch plötzlich leuchtet ihr Gesicht. „Könnt ihr euch noch an die letzte Physik-Stunde vor den Ferien erinnern, als Herr Hill eine Fotokamera und Filme mitbrachte?", fragt sie. „Ja klar", bemerkt Daniel interessiert. „Der Lehrer hat uns erklärt, dass man Fotos auch selbst entwickeln kann." – „Genau!", ruft Lea. Sie erhebt sich und lächelt geheimnisvoll. „Kannst du uns mal verraten, was du eigentlich vorhast?", fragt Urs schließlich ungehalten. „Wir bauen eine Dunkelkammer", erklärt Lea. „Dann können wir den Film, den wir letzte Woche im Zoo verknipst haben, selbst entwickeln." Während Lea noch fragend in die Runde schaut, springt Daniel auf, denn er ist sofort Feuer und Flamme. „Wenn wir den kleinen Kellerraum in eine Dunkelkammer verwandeln könnten, wäre das toll", ruft er. „Da wir viel Zeit für das Ausräumen brauchen, fangen wir am besten gleich damit an", fügt Urs ungeduldig hinzu. „In die Tür müssen wir zum Beispiel auch Luftschlitze sägen, damit die Fotos gut trocknen können, wenn wir sie entwickelt haben. Als Ausguss sollten wir eine alte Kunststoffwanne nehmen, denn dort können wir den Bilderwascher hineinstellen, ohne dass andere Gegenstände mit Chemikalien in Berührung kommen …" Begeistert schmieden die Jungen Pläne und sie bemerken dabei nicht, dass Lea auf einmal sehr nachdenklich aussieht. „Haben wir uns nicht ein bisschen zu viel vorgenommen …?"

a) Lies den Text sorgfältig und unterstreiche alle Konjunktionen (Bindewörter), die du findest.

b) Schreibe die Konjunktionen geordnet auf. Unterscheide so:
nebenordnende Konjunktionen: …, unterordnende Konjunktionen: …, andere Wörter: …
Tipp: Schreibe Wörter, die du nicht als Konjunktion zuordnen kannst, unter „andere Wörter".

2. Hobbyfotografen

Bilde Sätze mit den vorgegebenen Konjunktionen. Die Bilder helfen dir dabei.
Schreibe zum Beispiel so: *Obwohl die Kinder viel Arbeit …*

Sätze verknüpfen

Annes Meerschweinchen

3. Anne hat zum Geburtstag ein Rosettenmeerschweinchen bekommen. Obwohl das Tier zunächst noch ein wenig scheu ist fasst es bald Vertrauen zu seiner neuen Spielkameradin. Anne nennt das Meerschweinchen Strubbel. Jeden Morgen steht das Mädchen nun früher auf weil Strubbel Hunger hat. Pfeifend macht das Tierchen auf sich aufmerksam und es macht dabei am Käfiggitter Männchen. Indem Anne immer zur gleichen Zeit füttert gewöhnen sich Mensch und Tier schnell aneinander. Bald ist Strubbel so zutraulich dass Anne ihn in ihrem Zimmer umherlaufen lässt. Wenn Anne an ihrem Schreibtisch sitzt und Schulaufgaben macht nagt das kleine Meerschweinchen ganz behutsam an Annes Socken. Das heißt dann so viel wie „ich möchte mit dir spielen" oder es könnte auch bedeuten „beeil dich mal ein bisschen mit deinen doofen Aufgaben". Anne versteht ihren pelzigen Freund sofort. Da sie mit ihren Aufgaben nicht lange herumtrödelt hat sie dann auch bald Zeit für Strubbel. Auch Annes Eltern freuen sich dass ihre Tochter nun so schnell mit den Hausaufgaben fertig ist. Sie versprechen ihr deshalb ein zweites Haustier aber das wird dann ein Kaninchen sein denn Kaninchen und Meerschweinchen verstehen sich sehr gut.

a) Markiere alle Konjunktionen (Bindewörter) farbig.
Unterscheide dabei zwischen nebenordnenden und unterordnenden Konjunktionen.

b) Überlege, wo du ein Komma setzen musst, und füge es an der richtigen Stelle deutlich ein.

4. Meerschweinchen und andere Kleintiere

a) Finde jeweils eine passende Konjunktion und schreibe sie in den Satz. Musst du ein Komma setzen? Entscheide, ob der Satz eine Satzreihe Ⓡ oder ein Satzgefüge Ⓖ ist. Trage R oder G ein.

b) ⚡ Schreibe zum Thema „Haustier" jeweils drei Satzreihen und drei Satzgefüge.

Test

1. Satzarten

Es ist Freitagmittag und Mareike und Anne haben Schulschluss ★ „Endlich Wochenende ★ ", ruft Mareike fröhlich ★ „Wir könnten in den neuen Actionfilm gehen", schlägt sie vor ★ „Hast du Lust ★ " Die Freundin nickt zögernd ★ „Sollen wir gleich heute Abend gehen ★ ", erkundigt sich Mareike unternehmungslustig ★ Da Anne schweigt, stößt Mareike sie leicht in die Seite ★ „He, ich hab was gefragt ★ " – „Ich weiß noch nicht", murmelt Anne ★ Stirnrunzelnd sucht Mareike den Blick der Freundin ★ „Was weißt du noch nicht ★ " Anne hält dem Blick nicht lange stand ★ „Ob ich heute Abend überhaupt kann ★ " Mareike stemmt die Hände in die Hüften ★ „Wie soll ich das denn verstehen ★ " Anne heftet den Blick auf ihre Schuhspitzen und sagt kurz angebunden: „Vielleicht hab ich ja eine andere Verabredung ★ " Mareike versteht gar nichts mehr ★ „Hast du denn eine andere Verabredung ★ Sag es doch einfach ★ " Inzwischen stehen sie vor dem Haus, in dem Anne wohnt ★ „Hallo, ihr beiden ★ " Annes Mutter ist gerade dabei, einen Getränkekasten im Kofferraum ihres Autos zu verstauen ★ „Willst du mit zum Supermarkt fahren, Anne ★ Dann komm ★ " Anne läuft los, ruft aber noch über die Schulter zurück: „Ich ruf dich dann an ★ "

a) Ersetze die ★ durch die richtigen Satzschlusszeichen. Unterstreiche die Fragewörter.

b) Unterstreiche die Aufforderungssätze und die Ausrufesätze in zwei verschiedenen Farben.

c) Nur eine Freundin sagt deutlich, was sie meint. Die andere äußert sich nicht deutlich. Markiere die entsprechenden Satzteile. Wie würdest du solch ein Verhalten deuten?

2. Sätze verknüpfen

1 Kerstin hat sich das Haar rot getönt. Rot ist die Lieblingsfarbe ihres Freundes.
2 Lisas Bruder ist ein richtiger Lausbub. Vor Spinnen rennt Jan schreiend davon.
3 Opa geht nicht mehr in seine langjährige Stammkneipe. Er geht jetzt in ein feines Café.
4 Roberto möchte gern Tischtennis spielen. Seine Freundin will lieber Musik hören.
5 Fahren deine Eltern mit dir zur Gokart-Bahn? Kommst du mit uns zum Badesee?
6 Saime ist ein Ass in Leichtathletik. Deshalb trainiert sie jetzt in einem Verein.

a) Verknüpfe die Satzpaare jeder Zeile mit der jeweils passenden Konjunktion (… Bindewort) zu einer Satzreihe. Verwende: aber, denn, doch, oder, sondern, und.

1 Die Wiesen dampften vor Feuchtigkeit. Das Sommergewitter war abgezogen.
2 Frau Müller verschließt die Putzmittel gut. Der kleine Tim kann sie nicht entdecken.
3 Bruno kam um die Ecke. Der Bus fuhr gerade ab.
4 Tanjas Mutter will endlich fünf Kilo abnehmen. Sie isst abends nur noch Obst.
5 Sein Frauchen sagt „Sitz!". Der gut erzogene Hund setzt sich.
6 Andreas kann den Ton nicht halten. Er will unbedingt im Chor mitsingen.

b) Verknüpfe jedes Satzpaar zu einem Satzgefüge.
Verwende dabei sinnvoll die folgenden Konjunktionen: als, damit, nachdem, obwohl, weil, wenn.
Bei den Paaren 1–3 soll der zweite Satz Gliedsatz werden, bei den Paaren 4–6 der erste.
Bei zwei Satzpaaren passen auch die Konjunktionen: da, sodass. Schreibe die Sätze auf.

c) Stelle die Satzgefüge um, indem du mit dem Gliedsatz (bei den Paaren 1–3) und dem Hauptsatz (bei den Paaren 4–6) beginnst.

d) Aus welchen Satzpaaren kannst du eine **Satzreihe** bilden, ohne dass sich der Sinn ändert?

Test

3. Satzglieder und Satzgliedteile (Attribute)

Marco und Carla haben uns begeistert von ihrem aufregenden Erlebnis erzählt.

a) Teile die Satzglieder ab. Wie viele Satzglieder hat dieser Satz? _____

b) ✏ Stelle die Satzglieder so oft um, wie es geht. Schreibe als Letztes den Fragesatz.

1 Der zwölfjährige Olaf will das Sportabzeichen machen. **2** Lisa, seiner Mitschülerin, imponiert Olafs Ehrgeiz. **3** Deshalb beschließt sie kurzerhand ebenfalls das Sportabzeichen zu machen. **4** Sie fragt Olaf nach den Bedingungen, aber die kennt er nicht. **5** Also gehen die beiden nach der Schule zum städtischen Sportamt. **6** Die Angestellte, eine junge Frau, begrüßt sie freundlich. **7** Lisa und Olaf erklären ihr den Grund ihres Besuches. **8** Die Frau holt daraufhin aus einer Schublade ein Blatt mit den Bedingungen hervor. **9** Als Olaf und Lisa draußen sind, lesen sie mit Spannung alles durch. **10** Die Übungen sind nach Gruppen geordnet. **11** In Gruppe 1, dem Schwimmen, können Elf- und Zwölfjährige nur die 50-m-Strecke schwimmen. **12** In der 2. Gruppe wird Hoch- oder Weitsprung gefordert. **13** Olaf, der für sein Alter sehr groß ist, entscheidet sich für den Hochsprung. **14** Da er auch eine gute Sprungkraft hat, schafft er ohne Mühe die geforderte Höhe von 1,00 m. **15** Aus der Gruppe mit den Kurzstrecken will Lisa 75 statt 50 m laufen. **16** Ihre besondere Vorliebe gilt Gruppe 4, den Wurfübungen. **17** Dank ihrer guten Technik hat sie schon Weiten erzielt, die auch Jungen kaum schaffen. **18** Olaf hat beim Werfen Schwächen, aber er darf ja dreimal werfen. **19** Der weiteste Wurf zählt. **20** Seltsamerweise können in Gruppe 5 die Jungen die 800- oder 1000-m-Strecke laufen. **21** Mädchen dürfen nur über 800 m antreten. **22** Dafür wird den Läuferinnen 4.50 min gegeben. **23** Fürs Erste wissen Lisa und Olaf nun Bescheid. **24** Jetzt müssen sie noch herauskriegen, wo die Vorbereitung auf das Sportabzeichen stattfindet. **25** Nach der Zeit und dem Sportplatz erkundigen sie sich im Büro des Sportamtes. **26** Olaf will gern das goldene Abzeichen haben, aber das geht nicht. **27** Bei der ersten Verleihung bekommt man das Sportabzeichen in Bronze. **28** Auf dem Blatt ist das Abzeichen abgebildet. **29** Es besteht aus vier kreisförmigen Abbildungen, die Sportarten darstellen.

c) Unterstreiche in jedem Hauptsatz das Subjekt und das Prädikat. Nimm zwei verschiedene Farben. Markiere bei zweiteiligem Prädikat die Satzklammer.

d) ✏ Frage nach Dativ- und Akkusativobjekten (Sätze 1, 2, 6, 7, 8, 11, 14, 16, 18, 22, 26, 27).

e) ✏ Unterstreiche in den Sätzen 4, 10, 13, 25, 29 die Präpositionen (Verhältniswörter). Erfrage die Präpositionalobjekte. Achtung: Nicht auf jede Präposition folgt ein Objekt!

f) ✏ Frage nach den Adverbialien (Umstandsbestimmungen) des Ortes (Sätze 5, 8, 25), der Zeit (5, 9, 18, 24), der Art und Weise (3, 6, 9, 14, 26), des Grundes (3, 14, 17).

g) ✏ Suche nach den Attributen (Beifügungen): Adjektivattributen (Sätze 1, 5, 14, 16, 17, 19, 26, 29), den Genitivattributen (2, 7, 25) und den präpositionalen Attributen (8, 15, 27). Schreibe jeweils das vollständige Satzglied mit seinem Attribut auf. Schreibe nun alle Sätze mit Attributsätzen auf: Appositionen (Beisätze) und Relativsätze.

Fachausdrücke

Adjektiv, das (Wiewort, Eigenschaftswort)
Adjektivattribut, das (Wiewort als Beifügung)
Adverb, das (Umstandswort)
Adverbiale, das (Umstandsbestimmung)
– des Ortes (lokales Adverbiale)
– der Zeit (temporales Adverbiale)
– der Art und Weise (modales Adverbiale)
– des Grundes (kausales Adverbiale)
Adverbiales Attribut, das
   (Umstandswort als Beifügung)
Akkusativobjekt, das
   (Ergänzung im Wen- oder Was-Fall, … 4. Fall)
Apposition, die (Beisatz)
Attribut, das (Beifügung)
– vorangestelltes Attribut
   – siehe Adjektivattribut
– nachgestelltes Attribut
   – siehe Genitivattribut
   – siehe Präpositionales Attribut
   – siehe Adverbiales Attribut
   – siehe Apposition
   – siehe Relativsatz

Dativobjekt, das
   (Ergänzung im Wem-Fall, … 3. Fall)

Genitivattribut, das
   (Beifügung im Wessen-Fall, … 2. Fall)
Genitivobjekt, das
   (Ergänzung im Wessen-Fall, … 2. Fall)

Imperativ, der (Befehlsform)
Infinitiv, der (Grundform)

Kasus, der (Fall)
Konjunktion, die (Bindewort)
– nebenordnende Konjunktion
– unterordnende Konjunktion

Nomen, das
   (Namenwort, Hauptwort, Substantiv)
Nominativ, der (Wer- oder Was-Fall, 1. Fall)
Numerus, der (Zahl)

Objekt, das (Ergänzung)
– siehe Genitivobjekt
– siehe Dativobjekt
– siehe Akkusativobjekt

Partizip, das (Mittelwort)
– Präsens/Partizip I (Mittelwort der Gegenwart)
– Perfekt/Partizip II (Mittelwort der Vergangenheit)
Personalpronomen, das (stellvertretendes Fürwort)
Prädikat, das (Satzaussage)
– einteilig
– mehrteilig
Präposition, die (Verhältniswort)
Präpositionales Attribut, das
   (Beifügung, die auf ein Verhältniswort folgt)
Präpositionalobjekt, das
   (Ergänzung, die auf ein Verhältniswort folgt)

Relativsatz, der / Attributsatz, der
   (Gliedsatz, der von einem bezüglichen Fürwort
   eingeleitet wird)

Subjekt, das (Satzgegenstand)